자기주도학습 코칭 프로그램

자기주도학습
코칭 프로그램
Coaching Program

정형권 지음

BM (주)도서출판 성안당

머리말

"현장에서 활용하는 자기주도학습 프로그램"

자기주도학습의 필요성과 중요성을 강조하는 목소리는 계속되어 왔다. 자기주도학습이 중요하다는 것을 굳이 설명할 필요도 없다. 학생들도 자기주도학습을 희망한다. 문제는 어떻게 자기주도학습을 습관으로 정착시키느냐다. 해야만 한다는 당위만으로는 현실의 변화를 만들어내지 못한다. 학습을 지도하는 많은 사람이 '어떻게'에서 머뭇거리고 있다.

자기주도학습은 여러 가지 요소가 어우러졌을 때 가능하다. 학습에 대한 긍정적 태도와 잘 읽을 수 있는 능력, 적절한 학습 기술 등이 융합되어야 한다. 따라서 아이들의 학습을 지도하는 사람은 이러한 요소를 고려하여 아이의 성향과 특성에 맞게 코칭을 해야 한다.

물론 이러한 사실도 대부분 잘 알고 있다. 그래서 그분들은 다시 한 번 더 물을 것이다. "그래서 어떻게 지도해야 하는 건가요? 방법을 알려주세요."

이 책은 그러한 물음과 요청에 대한 대답이다. 어떻게 가르칠 것인가, 그 물음에 현장 경험을 바탕으로 정리한 프로그램이다. 책에서 소개하는 다양한 활동은 이미 현장에서 사용하고 검증을 거친 것들이다. 따라서 가정이나 학교, 학원 등에서 필요에 따라 적절하게 취사 선택하여 사용하면 된다. 한 가지 주의할 점은 맨 앞에서부터 순서대로 수업을 진행해서는 안 된다는 것이다. 다양한 활동지를 주제별로 수록한 것은 코칭하는 사람이 학생들의 특성을 고려하여 상황에 맞게 잘 선택해서 쓰게 하기 위함이다. 그래서 이 프로그램을 한두 달 집중적으로 진행할 경우를 위해 부록에 예시 프로그램을 정리해두었다. 내용을 참조하여 프로그램을 진행하길 바란다.

자기주도학습에서 가장 중요한 활동을 한 가지만 고르라고 한다면 주저하지 않고 '읽기 수업'이라고 말하고 싶다. 특히 읽기의 핵심을 정리한 '3SR2E 공부법'은 반드시 실행하고 꾸준히 진행해 확실하게 익힐 수 있도록 해야 한다. 이 방법만 확실하게 익혀도 자기주도학습의 기본은 충분히 익혔다고 할 수 있다. '3SR2E 공부법'은 예습, 복습, 이해, 기억, 집중, 몰입 등 공부의 중요한 기술을 대부분 익힐 수 있게 설계되어 있다.

필수 활동을 한 가지 더 말하라고 한다면 '주간성찰일지' 작성을 추천한다. 일주일에 한 번 정도는 자기 생활을 되돌아보고 무엇을 어떻게 개선하고 실천할 것인지 생각하는 시간을 가져야 한다. 이 시간을 통해 아이들은 스스로 피드백하는 능력을 기르게 된다. 자기주도적이 되려면 자기를 평가하는 시간을 꼭 가져야 한다.

새로운 시대에 맞는 새로운 학습코칭의 방법은 무엇일까? 그동안 아이들을 코칭하면서 느낀 것은 '덜 가르치면 더 많이 배우게 된다'는 것이었다. 열심히 설명하는 방식은 되도록 자제해야 한다. 아이가 질문을 했다고 해서 무조건 설명해 주어서도 안 된다. 스스로 알아가는 과정을 배울 수 있게 해 주면서 가르침을 활용해야 한다. 책에 소개된 내용을 적절히 취사선택하여 활용한다면 가르침을 줄이면서 스스로 공부하는 방법을 익히도록 도울 수 있다.

이 책에서 제안하는 내용은 아이가 자신의 힘으로 공부를 해 나갈 수 있도록 부모나 코치가 지지와 격려를 하며 학생이 자신의 뇌를 사용하여 공부하는 역량을 키울 수 있도록 이끌어 주라는 것이었다. 그를 위해서 슬로리딩 중심의 천천히 읽기, 자신의 내면을 관리하는 동기 조절, 학습한 내용을 직접 표현해 보는 공부, 공부와 일과를 되돌아보는 피드백 습관 등을 제시하고 있다.

'자기주도학습 코칭'이 지향하듯 부모나 교사의 가르침을 최대한 배제하고 학생이 공부의 주인이 되어서 학습을 진행할 수 있도록 수업을 이끌어야 한다.

이 책은 학습코칭의 현장에서 사용할 수 있는 프로그램과 활동지 중심으로 구성되어 있다. 방과후학교 프로그램이나 캠프 프로그램, 1:1 학습코칭에서 사용할 수 있는 워크지를 실었고, 다른 자기주도학습에 대한 이론서를 읽지 않은 독자들도 쉽게 이해할 수 있도록 간단한 설명을 곁들였다. 하지만 모든 활동지에 일일이 설명을 할 수 없어서 그냥 활동지만 실려 있는 것도 있다. PART 7에는 효과적인 학습코칭을 위한 '부모코칭 프로그램'을 배치하였다. 자기주도학습이 잘 이뤄지기 위해서는 부모와 자녀가 긍정적이고 소통하는 관계여야 한다. 하지만 성장기 자녀와 원만한 관계를 유지해나가기가 쉽지 않은 것이 사실이다. 아이 학습코칭과 부모코칭을 병행하면 자기주도학습 습관 정착이 용이하다.

책의 내용을 잘 이해하기 위해서는 코칭의 실제 사례가 담긴 《자기주도학습 코칭 매뉴얼》을 함께 읽어 보기를 권한다.

이 책에 실린 활동지는 방과후학교나 캠프 프로그램을 진행할 때 사용하도록 이미 방과후학교와 자기주도학습 캠프에서 사용했던 프로그램을 그대로 실었고 다양한 활동지도 첨부하였다. 그러나 그대로 사용하기보다는 시대의 흐름과 아이들의 관심사를 고려하여 새롭게 고쳐서 사용해 보기를 권한다. 새롭게 만드는 과정에서 코치의 능력은 개발되고 아이들은 수업에 더욱 몰입하게 될 것이다.

변화하는 시대에 자기주도학습에 대한 요구는 날로 증가하고 있지만, 현장 경험을 갖춘 학습코치가 많이 부족한 상황이다. 아무쪼록 이 책이 일선에서 활동하는 학습코치와 자녀를 지도하는 학부모님들께 많은 도움이 되기를 두 손 모아 기원한다.

정형권

| 차 례 |

머리말 "현장에서 활용하는 자기주도학습 프로그램" · 4

PART·1 목표와 동기 강화

◉ 들어가기 16
자기주도학습 설문 1 20
자기주도학습 설문 2 22
자기주도학습을 위한 학생 설문지(초등) 24
꿈 지도 그리기 25
존 고다드가 10대 때 작성한 꿈의 목록 26
존 고다드 따라 하기 32
나의 꿈 목록 작성하기 33
내가 원하는 것 34
갖고 싶은 미래의 명함 35
화폐 디자인 36
나의 목표 세우기 37
내가 공부를 해야 하는 이유 38
꿈을 이루는 공부 목표 세우기 39
나의 성공 습관 신문에 기고하기 40
미리 쓰는 미래 일기 41
TIME 42
자기소개서 양식 43
자기소개서 1 44
자기소개서 2 45
자기소개서 3 46

내 꿈의 사다리	47
미래의 나에게 보내는 편지 1	48
미래의 나에게 보내는 편지 2	49
미래의 나에게 현재의 내가 보내는 편지	50

PART·2 마음과 태도

● 들어가기	54
믿음이 성공과 실패를 가른다	58
감사 노트	59
관점 바꾸기	60
미래의 내 홈페이지 메인 화면 만들기	61
행복하게 사는 법 1	62
행복하게 사는 법 2	63
나는 운이 좋다 vs. 나는 운이 좋지 않다	64
나는 운이 좋다	65
나의 자신감 주문 만들기	66
감사하기 _ 감사송 만들기	67
비교하지 않기 _ 모방시 쓰기	68
클래식 음악 집중해서 듣기	69
자신과 대화하기	70
실수한 나의 친구에게	71
친구를 위한 칭찬 3행시	72
친구 맺고 싶은 멘토(mentor), 롤 모델(role model) 정하기	73
내 친구 사전	74
나를 소개합니다	75

PART 3 — 공부 기술과 학습 전략

- 들어가기   78
  - 독서 습관 설문   82
  - 나는 무엇을 읽고 있는가?   85
  - 신문 기사 읽기   86
  - 책 소개장   87
  - 읽기 자료 _ 위인들의 독서 습관   88
  - 읽기 수업   92
  - 3SR2E _ 교과서(참고서) 제대로 읽기   93
  - 개념 노트 만들기   94
  - 질문 노트   95
  - 5SR2E _ 읽기 심화   96
  - 3R3W _ 단원 읽기   97
  - 문장 만들기   98
  - 참고서 교과서에 옮겨 적기   99
  - 그림으로 표현하기   100
  - 저자에게 편지 쓰기   101
  - 저자 인터뷰 계획서   102
  - 서평 쓰기   103
  - 토론 계획 세우기   104
  - 도전! 낱말 퍼즐   105
  - 공부 습관과 망각   106
  - 교과서 읽고 빈칸 채우기   108
  - 수업 되살리기   109
  - 동영상 수업 되살리기   110
  - 선생님처럼 설명하기   111
  - 아는 것과 모르는 것 구분해서 읽기   112
  - 영어 교과서 백독백습   113
  - 영어 교과서 제대로 읽기   114
  - 도전! 영어 단어 퍼즐   115
  - 영어 단어 그림 퀴즈   116

신나는 영어 교과서 ( ) 채우기 게임	117
신나는 영어 교과서 주어 동사 수 일치	118
영어 교과서 해석해서 적어 보기	120
수학 교과서 제대로 읽기	121
수학 문장제 문제를 풀기 위한 문제 분석	122
수업 지도안 만들기	123
동영상 강의안 만들기	124
UCC 제작 기획서	125
내 손으로 자습서 만들기	126
문제 해결 프로젝트	127
교과서 읽고 플래시 카드 만들기	128
꿈을 이루는 공부 습관 만들기	129

PART 4 시간 관리와 몰입 공부법

● 들어가기	132
나의 하루 되돌아보기	136
나의 시간 사용 돌아보기	138
우선순위 정하기 1	139
우선순위 정하기 2	141
우선순위 정하기 연습	142
시간 관리의 달인	143
매일 적는 공부 일지	144
자기 경영 일지	145
꿈을 이루는 주간 성찰 일지	146
집중하고 싶은 나	147
몰입과 집중력	148
집중력 연습하기	150
집중력 길러주는 수학 문제 풀기	151
몰입 노트 작성하기	152

PART 5 — 시험 준비와 시험 전략

- 들어가기 156
  - 시험 준비 체크리스트 160
  - 내가 만든 예상 시험 문제 161
  - 내가 만든 예상 시험 문제(객관식) 162
  - 똑똑한 시험 준비 계획표 163
  - 시험 되돌아보기 164
  - 시험 결과 분석하기 165

PART 6 — Leadership Notes

- My Dream List 168
- Design Money 169
- Setting up my Goal 170
- Spell of Confidence 171
- Acrostic Compliment 172
- My future Internet homepage 173
- To a friend who made a mistake 174
- My future journal 175
- Book Review 176
- Time Management Plan 177
- Who am I? 178
- Future Business card 179
- My mentor, role model 180
- TIME 181

Build good habits to study	182
Friend Dictionary	183
Conversation with yourself	184
Friends to be liked vs. Friends to be disliked	185

P·A·R·T·7 부모 코칭 프로그램

⦿ 들어가기	188
1회차 프로그램: 부모 교육의 목적과 자녀와 관계 맺기	190
2회차 프로그램: 자녀에게 남기고 싶은 유산	194
3회차 프로그램: 행복한 부모와 행복한 자녀	198
4회차 프로그램: 칭찬과 꾸중	201
5회차 프로그램: 선택권 주기 & 문제 바라보기	204
6회차 프로그램: 자녀와의 의사소통	208
7회차 프로그램: 자녀 행동의 목적과 '나' 메시지	212
8회차 프로그램: 자녀에게 기술 & 뿌리 역사 가르치기	216
9회차 프로그램: 독서 지도 & 비전 지도	218
10회차 프로그램: 가족 모임 & 강점 구축하기	221

부록 1. 행복한 공부를 위한 자기주도학습 프로그램 1 • 224

부록 2. 행복한 공부를 위한 자기주도학습 프로그램 2 • 227

PROGRAM 행복한 공부 발전소 '자기주도학습 코칭' • 231

참고도서 & 자료 • 233

자기주도학습 코칭 프로그램

자기주도학습 설문 1
자기주도학습 설문 2
자기주도학습을 위한 학생 설문지(초등)
꿈 지도 그리기
존 고다드가 10대 때 작성한 꿈의 목록
존 고다드 따라 하기
나의 꿈 목록 작성하기
내가 원하는 것
갖고 싶은 미래의 명함
화폐 디자인
나의 목표 세우기
내가 공부를 해야 하는 이유
꿈을 이루는 공부 목표 세우기
나의 성공 습관 신문에 기고하기
미리 쓰는 미래 일기
TIME
자기소개서 양식
자기소개서 1
자기소개서 2
자기소개서 3
내 꿈의 사다리
미래의 나에게 보내는 편지 1
미래의 나에게 보내는 편지 2
미래의 나에게 현재의 내가 보내는 편지

P·A·R·T·1

목표와
동기 강화

PART 1. 목표와 동기 강화

    Part 1은 '동기 강화'와 관련된 프로그램이다. 궁수(弓手)가 활을 쏠 때 과녁을 향해 온 신경을 집중시킨다. 만약 과녁에서 시선이 멀어지면 시위를 떠난 화살은 과녁에서 멀어지고 만다. 과녁이라는 목표에 집중하지 못하면 절대 명중시킬 수가 없다. 그렇듯이 우리가 어떤 일에 몰입하고 성과를 내기 위해서는 우선 목표가 분명해야 한다. 시험 기간이 다가오면 누구나 평소보다 더 열심히 공부하게 된다. 그것은 시험이라는 분명한 '목표'가 있기 때문이다.

    그리고 시험 준비를 하는 동안은 평소보다 공부가 훨씬 잘되는 것을 느끼게 된다. 바둑이나 장기, 체스를 둘 때도 매우 빨리 몰입하게 되는데 그런 상황에서 몰입이 잘 되는 이유는 승리라는 분명한 목표가 주어져 있고 규칙이 간단하며 일의 진척도를 바로 파악할 수 있기 때문이다.

    등산이 취미인 사람들은 거의 매주 산을 오른다. 산을 오를 때 정상에 도달한다고 해서 돈이 생기는 것도 아닌데 땀을 뻘뻘 흘리면서도 재미를 느끼며 올라가는 것은, 그 산을 올라가려고 마음먹은 사람이 자기 자신이기 때문이다. 산에 올라간다는 목표를 자신이 정했기 때문에 힘든 것도 이겨내고 재미도 발견하는 것이다.

이처럼 목표는 대상이 분명해야 한다. 브라이언 트레이시는 그의 책에서 "목표를 설정하고 그것을 성취하기 위한 계획을 세우는 능력이 바로 〈성공의 핵심 기술〉"이라고 말한 바 있다. 분명한 목표를 갖고 그것을 이루기 위해 노력하는 것이 성공한 사람들의 필수적인 특징이라는 사실은 널리 알려져 있다.

《하버드 MBA에서도 가르쳐 주지 않는 것들》이라는 책에 흥미로운 조사 결과가 실렸었다. 1979년 하버드 경영대학원 졸업생들을 대상으로 '명확한 목표를 세우고 그것을 기록하였으며, 그것을 성취하기 위해 계획을 세웠는가?'라는 질문을 했다.

그 질문에 3%의 학생은 명확한 목표를 세웠으며 그것을 기록했다고 응답했다. 그리고 13%는 목표는 있지만 기록하지는 않았다고 했다. 나머지 84%는 졸업 후 구체적인 계획은 아직 없다고 했다.

그로부터 10년 후인 1989년에 연구자들은 그들을 대상으로 다시 인터뷰를 진행했다. 그런데 인터뷰 결과 그들 사이에 커다란 경제적 차이가 있음을 발견했다. 목표가 있었지만 그것을 기록하지 않은 13%는 목표가 전혀 없었던 84%의 학생들에 비해 평균적으로 두 배 이상의 수입을 거둬들이고 있었다. 그런데 더 놀라운 사실은, 명확한 목표를 적어놓았던 3%가 나머지 97%의 졸업생들에 비해 평균 10배 이상의 수입을 거두고 있었다는 것이다.

그들 그룹 사이에 학력과 지능의 차이는 없었다. 그들을 구분 지은 가장 큰 차이점은 졸업 후에 무엇을 할 것인지 명확하고 구체적인 계획을 기록하였느냐 하는 점이다.

즉 성공한 사람들은 명확한 목표와 그것을 이루기 위한 명확한 계획이 있었으며, 그것을 기록하여 구체화하였다. 여기서 중요한 것은 '명확한 목표'의 가치이다. 많은 사람에게 목표가 무엇이냐고 물어보면 '부자가 되고 싶다'거나 '경제적인 자유를 갖고 싶다'라고 말한다. 그런데 과연 이러한 것을 목표라고 할 수 있을까? 학생들은 '공부를 잘하고 싶다'거나 '좋은 성적을 받고 싶다'는 것을 목표로 얘기하는 경우가 많다. 마찬가지로 이것들은 목표가 될 수 있을까?

이 물음은 '과연 이것들이 명확한가?'라는 기준에 비춰 보면 알 수 있다. 목표가 명확하지 않으면 명확하지 않은 결과가 나올 수밖에 없다.

공부를 잘하고 싶다거나 부자가 되고 싶다는 것은 막연한 바람에 불과하다. 그러므로 목표를 세울 때는 '명확'하게 세우는 것이 중요하다. 막연한 '바람'을 목표라고 착각하고 살아간다면 과녁에 맞출 화살을 엉뚱한 곳에 쏘듯이 힘과 에너지를 분산시키고 말 것이다. 목표를 정할 때는 신중하게 생각해서 정해야 하며, 정한 목표는 자주 볼 수 있도록 써서 붙여 놓거나, 가지고 다니는 것이 좋다. 그래야 목표가 나의 마음속에 깊이 자리 잡아 변화를 실천할 수 있다. 무슨 일을 하든 집중과 몰입을 하지 않으면 좋은 성과를 낼 수 없다.

일을 많이 하는 것이 중요한 것이 아니라 얼마나 질적으로 우수했느냐가 핵심이다. 집중력을 향상하고 이를 유지하기 위해서는 '능동적'으로 집중하는 태도가 중요하다. 장기적인 큰 목표를 정했다면 그 아래 단기 목표를 정하고, 하루의 목표나 그날 할 일의 분량을 미리 정하는 세부적인 작은 목표를 세워 꾸준히 실천해 나간다면 그동안 만들지 못했던 커다란 결과를 확인하게 될 것이다.

학자들의 연구와 성공한 사람들의 경험에 의하면 우리 두뇌에는 목표 성취를 향해 착오 없이 우리를 안내해주는 성공 시스템이 작동하고 있다. 이

것은 마치 운전을 할 때 내비게이션에 목적지를 입력해 놓으면 경로를 이탈할 때 피드백을 해 주듯이 우리가 나아갈 방향을 자동으로 일깨워준다. 두뇌의 이런 구조 덕택에 우리가 목표를 명확히 하고 끈기 있게 계속 집중하기만 하면 어떤 목표라도 대부분 성취할 수 있게 된다. 따라서 학생들이 목표를 세우는 연습을 하는 것은 학습의 성과를 이루는 데 중요한 역할을 한다. 작은 목표라도 좋다. 다른 사람이 보기에 부족해 보이더라도 자기만의 꿈이나 목표를 세우고 그것을 이루는 성공 체험을 하도록 이끌어주자.

자기주도학습 설문 1

1. 학교생활이 나의 성장에 중요한 역할을 한다고 생각한다. (○, ×)
2. 학원이나 과외의 선택은 부모님의 권유보다 자신의 필요에 따라 결정한다. (○, ×)
3. 나는 책 읽기를 좋아하고 평소에 독서를 많이 하는 편이다. (○, ×)
4. 나는 평소에 운이 좋은(감사한 일이 많은) 사람이라고 생각한다. (○, ×)
5. 공부를 열심히 할 마음의 준비가 되어 있다. (○, ×)
6. 가끔 슬럼프에 빠질 때도 있지만 잘 이겨낸다. (○, ×)
7. 내 인생의 꿈과 목표를 달성하기 위해서 지금의 공부를 한다고 믿는다. (○, ×)
8. 공부뿐만 아니라 다른 일도 남들에게 지고 싶지는 않다. (○, ×)
9. 공부를 잘하기 위해서는 무엇보다 마음 자세가 제일 중요하다고 생각한다. (○, ×)
10. 부모님이나 선생님의 조언에 귀 기울일 필요가 있다고 생각한다. (○, ×)
11. 수업 전에 미리 교과서나 참고서(또는 동영상)로 배울 내용을 확인하고 있다. (○, ×)
12. 그날 배운 내용은 그날 복습하는 편이다. (○, ×)
13. 공부할 때 확실하게 아는 것과 그렇지 못한 것을 구분하고 확인한다. (○, ×)
14. 틀린 문제는 따로 표시하여 여러 번 풀어본다. (○, ×)
15. 참고서나 문제집을 너무 많이 사지 않고 필요한 만큼만 구입한다. (○, ×)
16. 한번 구입한 책은 끝까지 보는 편이다. (○, ×)
17. 공부에 있어서 암기도 중요하지만 이해하는 것도 병행되어야 한다고 생각한다. (○, ×)
18. 시험 결과에 연연하지 않고, 시험 후 틀린 부분을 체크하면서 되돌아본다. (○, ×)
19. 나의 취약 과목과 잘할 수 있는 전략 과목을 알고 있다. (○, ×)
20. 공부를 더 잘하기 위해서 공부 방법의 변화를 찾고 있다. (○, ×)
21. 어려운 문제를 풀 때 혼자 힘으로 해결하려고 노력하는 편이다. (○, ×)
22. 무리한 계획보다는 달성 가능한 분량의 공부 계획을 세운다. (○, ×)
23. 시험에 대비해서 미리 구체적인 계획을 세워서 공부한다. (○, ×)
24. 일단 세운 계획은 충실히 실천하려고 한다. (○, ×)
25. 방학을 대비한 계획을 세우고 방학 기간을 보낸다. (○, ×)

26. 계획을 세워서 공부하는 것은 공부 습관에 도움이 된다고 생각한다. (○, ×)

27. 환경이나 외부적인 요소에 따른 계획 변경이 적은 편이다. (○, ×)

28. 선생님이나 부모님이 시키기 전에 알아서 공부하는 편이다. (○, ×)

29. 자투리 시간을 적극적으로 활용한다. (○, ×)

30. 학습과 생활에 대해 되돌아보며 반성하는 시간을 주기적으로 갖는다. (○, ×)

자기주도학습 설문 진단 결과	
학습 설문 결과 ○의 개수를 찾아서 해당하는 곳에 ∨표 하세요.	
21~30개 ( )	자기주도학습을 잘 실천하는 편입니다. 부족한 부분을 보완하면 탁월한 자기주도학습자가 될 수 있습니다.
11~20개 ( )	자기주도학습의 능력은 있지만, 더 많은 노력과 실천이 필요합니다. 우선순위를 정해서 당장 실천할 수 있는 것부터 행동에 옮겨보세요.
0~10개 ( )	자기주도학습에 대한 이해가 필요합니다. 흥미 있고 재미를 느끼는 과목부터 공부 시간을 늘려보세요. 가능한 것부터 실천하면 공부 습관을 만들 수 있습니다.

자기주도학습 설문 2

작성 날짜 : _____ 년 ___ 월 ___ 일
_____ 학교 ___ 학년 이름 : _____

자기주도학습을 성공적으로 이루기 위한 설문입니다. 자신에게 해당하는 내용을 ○, ×로 솔직하게 답해 보세요(서술식은 물음에 대한 답을 적어 주세요).

1. 꿈과 비전에 관하여
   - 나는 내가 꼭 이루고 싶은 꿈이 있다. (○, ×)
   - 나는 꿈이 아직 구체적으로 정해지지는 않았지만 지금 고민 중이고 머지않아 나만의 꿈을 이루기 위해 길을 가고 싶다. (○, ×)
   - 나는 가고 싶은 대학이나 학과를 정해 놓았다. (○, ×)
2. 나는 평소에 우울, 짜증보다는 긍정적인 마음을 가지려 노력한다. (○, ×)
3. 나는 책 읽기를 좋아한다. (○, ×)
4. 나의 장점과 단점을 적어 주세요.
   - 장점: _____
   - 단점: _____
5. 내가 지금 공부를 해야 하는 이유를 차례대로 정리해 보세요.
   ① _____
   ② _____
   ③ _____
6. 공부가 힘들 때는 스스로 격려하면서 마음을 다잡고 하는 편이다. (○, ×)
7. 나의 공부를 방해하는 요소는 무엇인가요?
8. 공부 방해 원인을 개선하기 위한 가장 좋은 방법은 무엇일까요?

9. 자신 있거나 수업 중에 집중이 잘되고 재미있는 과목은 무엇입니까?

10. 성적 향상이 어려운 과목 2가지를 적어 주세요.

- _____
- _____

12. 수업 시간에 배운 내용은 대부분 이해하고, 기억하는 편이다. (○, ×)

13. 수업을 잘 이해하기 위해 배울 내용을 미리 읽어 보는 편이다. (○, ×)

14. 그날 배운 내용은 저녁에 한 번 더 읽어 보고, 암기하기 위해 노력한다. (○, ×)

15. 한번 구입한 책(교재, 문제집, 참고서 등)은 끝까지 보는 편이다. (○, ×)

16. 나의 목표를 위한 나만의 계획표가 있다. (○, ×)

17. 학교를 마치면 그날 무슨 공부를 할 것인지 미리 계획을 세운다. (○, ×)

18. 시험 결과에 연연하지 않고, 시험 후 틀린 부분을 체크하면서 되돌아본다. (○, ×)

19. 모르는 내용이 쌓이지 않도록 진도에 맞춰 예습, 복습을 해 나가고 있다. (○, ×)

20. 취침 시간과 기상 시간은 대략 몇 시인가요?

- 취침: _____
- 기상: _____

21. 나는 수업 시간에 이해가 잘되고 잘 집중하는 편이다. (○, ×)

22. 학교에 등교하는 시간은?

_____

23. 등교해서 수업하기 전까지 주로 무엇을 하나요?

_____

24. 수업 시간에 배우는 교재(교과서, 부교재)를 여러 번 반복해서 읽는다. (○, ×)

- 반복해서 읽는 과목은 무엇이며, 몇 회 정도 정독하나요?

25. 주말에는 부족한 과목의 공부를 보충하고 있다. (○, ×)

자기주도학습을 위한 학생 설문지(초등)

작성 날짜 : _____년 ____월 ____일

_____학교 _____학년 이름 : _____

다음 문장은 뒷부분이 빠져 있습니다. 각 문장을 읽으면서 맨 먼저 떠오르는 생각으로 뒷부분을 이어 문장을 완성해 보세요.

1. 내가 수업 시간에 재미있는 과목은? _____
2. 나는 커서 _____ 이(가) 되고 싶다.
3. 내가 재미있게 읽은 책은? _____
4. 나의 소원이 마음대로 이루어진다면
   - 첫째 소원은 _____ 이다.
   - 둘째 소원은 _____ 이다.
   - 셋째 소원은 _____ 이다.
5. 내가 가장 행복한 때는 _____ 이다.
6. 내가 가지고 있는 것 중에서 제일 아끼는 것은? _____
7. 나는 공부가 _____
8. 나를 가장 화나게 하는 것은 _____ 이다.
9. 내가 만일 동물로 변할 수 있다면 _____ 이(가) 되고 싶다.
   왜냐하면 _____ (이)니까.
10. 내가 가장 만나고 싶은 사람은 _____ 이다.

• 수고하셨습니다~^^

꿈 지도 그리기

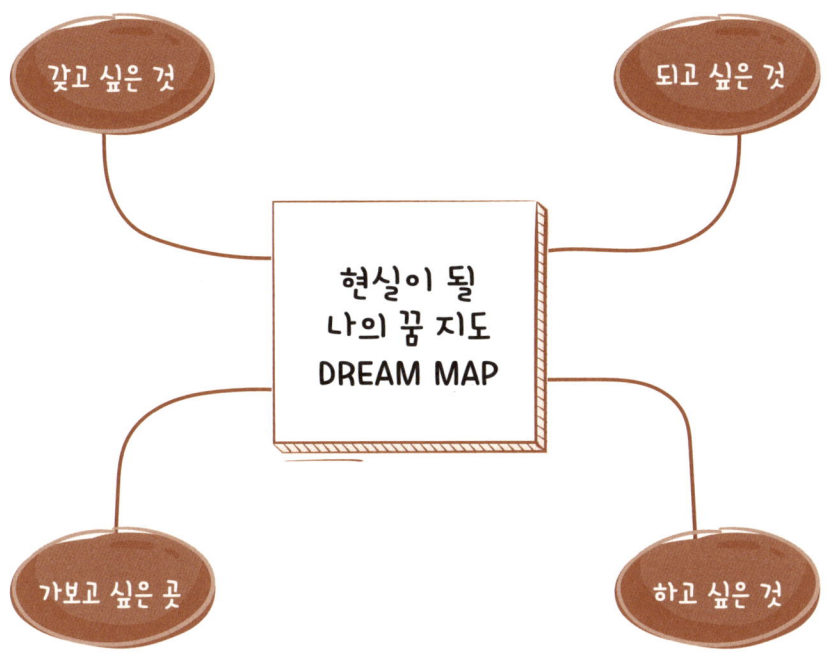

존 고다드가 10대 때 작성한 꿈의 목록
[별(★)표는 그가 이룬 것]

■ 탐험할 장소

1. 이집트의 나일강(세계에서 제일 긴 강)★
2. 남미의 아마존강(세계에서 제일 큰 강)★
3. 아프리카 중부의 콩고강★
4. 미국 서부의 콜로라도강★
5. 중국 양쯔강
6. 서아프리카 니제르강
7. 베네수엘라의 오리노코강
8. 니카라과의 리오코코강★

■ 원시 문화 답사

9. 중앙아프리카의 콩고★
10. 뉴기니 섬★
11. 브라질★
12. 인도네시아의 보르네오 섬★
13. 북아프리카 수단(존 고다드는 이곳에서 모래 폭풍을 만나 산 채로 매장당할 뻔했음)★
14. 호주 원주민들의 문화★
15. 아프리카 케냐★
16. 필리핀★
17. 탕가니카(현재의 탄자니아)★
18. 에티오피아★
19. 서아프리카 나이지리아★
20. 알래스카★

■ 등반할 산

21. 에베레스트산(세계 최고봉 8,848m)
22. 아르헨티나의 아콘카과산(남미 최고봉 6,960m)
23. 메킨리산(북미 최고봉 6,194m)
24. 페루의 후아스카란봉★
25. 킬리만자로산(아프리카 최고봉 5,895m)★
26. 터키의 아라라트산(노아의 방주가 닿은 곳이라고 알려진 산)★
27. 케냐산★
28. 뉴질랜드의 쿡산
29. 멕시코의 포포카테페틀산★
30. 마테호른산(유럽에서 가장 험한 산)★
31. 라이너산★
32. 일본의 후지산★
33. 베수비오산(이탈리아 나폴리 활화산)★
34. 자바 섬의 브로모산★
35. 그랜드 테튼산★
36. 캘리포니아의 볼디 마운틴★

■ 배워야 할 것들

37. 의료 활동과 탐험 분야에서 많은 경력을 쌓을 것(현재까지 원시 부족들 사이에 전해져 오는 다양한 치료 요법과 약품을 배웠음)★
38. 나바호족과 호피족 인디언에 대해 배울 것
39. 비행기 조종술 배우기★
40. 로즈퍼레이드(캘리포니아에서 해마다 5월에 열리는 장미 축제 행렬)에서 말타기★

■ 사진 촬영

41. 브라질 이과수 폭포★
42. 로데시아의 빅토리아 폭포(이 과정에서 존 고다드는 아프리카 흑 멧돼지에게 쫓기기도 했음)★
43. 뉴질랜드의 서덜랜드 폭포★

44. 미국 서부 요세미티 폭포★

45. 나이아가라 폭포★

46. 마르코 폴로와 알렉산더 대왕의 원정길 되짚어 가기★

■ 수중 탐험

47. 미국 남부 플로리다의 산호 암초 지대★

48. 호주의 그레이트 배리어 대암초 지대(이곳에서 존 고다드는 135kg의 대합조개 촬영에 성공했음)★

49. 홍해★

50. 피지 군도★

51. 바하마 군도★

52. 오케페노키 늪지대와 에버글레이즈(플로리다 주 남부 습지대) 탐험★

■ 여행할 장소

53. 북극과 남극★

54. 중국 만리장성★

55. 파나마 운하와 수에즈 운하★

56. 이스터 섬(거석문명의 섬)★

57. 바티칸 시국(이때 존 고다드는 교황을 만났음)★

58. 칼라파고스 군도(태평양상 적도 바로 아래 화산섬)★

59. 인도의 타지마할 묘★

60. 피사의 사탑★

61. 프랑스의 에펠탑★

62. 블루 그로토★

63. 런던 탑★

64. 호주의 아이어 암벽 등반★

65. 멕시코 치첸이차의 성스런 우물★

66. 요르단 강을 따라 갈릴리 해에서 사해로 건너가기

■ 수영해 볼 장소

   67. 중미 니카라과 호수★

   68. 빅토리아 호수★

   69. 슈피리어 호수★

   70. 탕가니카 호수★

   71. 남미 티티카카 호수★

■ 해낼 일

   72. 독수리 스카우트 단원 되기★

   73. 잠수함 타기★

   74. 항공 모함에서 비행기를 조종해서 이착륙하기★

   75. 전 세계의 모든 국가들을 한 번씩 방문할 것(30개 나라가 남았음)★

   76. 소형 비행선, 열기구, 글라이더 타기★

   77. 코끼리, 낙타, 타조, 야생말 타기★

   78. 4.5kg의 바닷가재와 25m의 전복 채취하기★

   79. 스킨 다이빙으로 12m 해저로 내려가서 2분 30초 동안 호흡 참기★

   80. 1분에 50자 타자하기★

   81. 플루트와 바이올린 연주하기★

   82. 낙하산 타고 뛰어내리기★

   83. 스키와 수상스키 배우기★

   84. 복음 전도 사업 참여하기★

   85. 탐험가 존 뮤어의 탐험길을 따라 여행하기★

   86. 원시 부족의 의약품을 공부해 유용한 것들 가져오기★

   87. 코끼리, 사자, 코뿔소, 케이프 버펄로, 고래 촬영하기★

   88. 검도 배우기★

   89. 동양의 지압술 배우기★

   90. 대학교에서 강의하기★

   91. 해저 세계 탐험가기★

   92. 타잔 영화에 출연하기(이것은 이제 시대에 뒤떨어진 소년 시절의 꿈이 되었음)

   93. 말, 침팬지, 치타, 오셀롯, 코요테 키워 보기★

94. 발리 섬의 장례 의식 참관하기★

95. 아마추어 햄 무선국의 회원 되기★

96. 자기 소유의 천체 망원경 세우기★

97. 저서 한 권 갖기(나일강 여행에 관한 책을 출판했음)★

98. 〈내셔널 지오그래픽〉지에 기사 싣기★

99. 몸무게 80kg 유지하기(잘 유지하고 있음)★

100. 윗몸 일으키기 200회, 턱걸이 20회 유지하기★

101. 프랑스어, 스페인어, 그리고 아랍어 배우기★

102. 코모도 섬에 가서 날아다니는 도마뱀의 생태 연구하기

103. 높이뛰기 1m 50cm★

104. 멀리뛰기 4m 50cm★

105. 1마일을 5분에 주파하기★

106. 덴마크에 있는 소렌슨 외할아버지의 출생지 방문하기★

107. 영국에 있는 고다드 할아버지의 출생지 방문하기★

108. 선원 자격으로 화물선에 승선하기★

109. 브리태니커 백과사전 전 권 읽기(각 권의 대부분을 읽었음)

110. 성경을 앞장에서 뒷장까지 통독하기★

111. 셰익스피어, 플라톤, 아리스토텔레스, 찰스 디킨스, 헨리 데이비드 소로우, 애드가 알렌 포우, 루소, 베이컨, 헤밍웨이, 마크 트웨인, 버로우즈, 조셉 콘라드, 탈 메이지, 톨스토이, 롱펠로우, 존 키이츠, 휘트먼, 에머슨 등의 작품 읽기(각 저자의 전작은 아니라도)★

112. 바하, 베토벤, 드뷔시, 이베르, 멘델스존, 랄로, 림스키코르사코프, 레스프기, 리스트, 라흐마니노프, 스트라빈스키, 토흐, 차이코프스키, 베르디의 음악 작품들과 친숙해지기★

113. 비행기, 오토바이, 트랙터, 윈드서핑, 권총, 엽총, 카누, 현미경, 축구, 농구, 활쏘기, 부메랑 등에 있어서 우수한 실력을 갖추기★

114. 음악 작곡하기★

115. 피아노로 베토벤의 월광곡 연주하기★

116. 불 위를 걷는 것 구경하기(발리 섬과 남미의 수리남에서 구경했음)★

117. 독사에서 독 빼내기(이 과정에서 사진을 찍다가 등에 마름모 무늬가 있는 뱀에게 물렸음)★

118. 영화 스튜디오 구경하기★

119. 폴로 경기하는 법 배우기★

120. 22구경 권총으로 성냥불 켜기★

121. 쿠푸(기제의 대피라밋을 세운 이집트의 제 4왕조의 왕)의 피라미드 오르기★

122. 탐험가 클럽 회원으로 가입하기★

123. 걷거나 배를 타고 그랜드 캐년 일주하기★

124. 배를 타고 지구를 일주하기(네 차례의 일주를 마쳤음)★

125. 달 여행하기(신의 뜻이라면 언젠가는!)

126. 결혼해서 아이들을 가질 것(존 고다드는 여섯 명의 자녀를 두었음)★

127. 21세기에 살아볼 것★

"꿈을 날짜와 함께 적으면 그것은 목표가 되고, 목표를 잘게 나누면 그것은 계획이 되며, 그 계획을 실행에 옮기면 꿈은 실현된다."

- 그레그 S. 레이드

존 고다드 따라 하기

NAME: _____ CLASS: _____

존 고다드가 작성한 꿈의 목록을 참고하여 내가 이루고 싶은 꿈의 목록을 작성해 보세요.

- 탐험할 장소

- 원시 문화 답사

- 등반할 산

- 배워야 할 것들

- 사진 촬영

- 수중 탐험

- 여행할 장소

- 수영해 볼 장소

- 해낼 일

- 만날 사람들

나의 꿈 목록 작성하기

번호	목표	중요도(상·중·하)	목표 기한	달성 연도
1				
2				
3				
4				
5				
6				
7				
8				
9				
10				
11				
12				
13				
14				
15				
16				
17				
18				
19				
20				
21				
22				
23				
24				
25				
26				
27				
28				
29				
30				

내가 원하는 것

1. 적기만 하면 이뤄지는 소원 노트가 있습니다. 내가 평생 동안 정말 갖고 싶은 것, 또는 얻고 싶은 것 등을 구체적으로 10개만 적어 보세요.
   ▶ 무조건 '돈'이라고 쓰면 안 되고 돈으로 하고 싶은 것을 쓴다. 형태가 있는 것(예 전원 농장, 내가 쓴 책, 자율자동차 등)과 형태가 없는 것(예 든든한 가족, 믿을 수 있는 친구, 봉사하는 삶 등)을 모두 써도 됨.

2. 적은 것 10개 중에서 덜 가지고 싶은 5개에 X표시를 한 후 남은 5개를 쓰고 그것들을 가지고 싶거나 얻고 싶은 이유를 적어 보세요.

3. 남은 인생을 '돈을 벌지 않고 자신이 하고 싶은 일만 해도 된다.'고 하였을 때 보람 있고 후회 없이 최선을 다해서 하고 싶은 활동들은 무엇인가요? 3가지 이상 적어 보세요.

4. 훗날 이 세상과 작별하였을 때 다른 사람들에게 어떤 평가를 받고 싶나요?

갖고 싶은 미래의 명함

NAME: _____ CLASS: _____

자신이 되고 싶은 직업을 가진 나의 모습을 상상하며 미래의 명함을 디자인해 보세요.

〈앞면〉

〈뒷면〉

화폐 디자인

NAME: _____ CLASS: _____

내가 존경하는 인물을 중심으로 화폐를 디자인해 보세요.

〈앞면〉
- 앞면은 그 인물의 모습이나 그림, 관련 업적을 중심으로 꾸며 보세요.

〈뒷면〉
- 뒷면은 그 사람과 관련된 물건이나 연상되는 내용을 적어 보세요.

나의 목표 세우기

NAME: _____ CLASS: _____

1. 이번 달에 꼭 이루고 싶은 약간 도전적인 과제

2. (   )학기 때 꼭 이루고 싶은 약간 도전적인 과제

3. 올해 꼭 달성하고 싶은 약간 도전적인 과제

내가 공부를 해야 하는 이유

NAME: _____   CLASS: _____

나만의 이유를 적어 보세요. 깊이 생각하고 적다 보면 마음속에서 신념이 생기는 걸 느끼게 됩니다.

1.

2.

3.

4.

5.

6.

7.

8.

9.

10.

꿈을 이루는 공부 목표 세우기

NAME: _____   CLASS: _____

다음 표에서 자신의 현재 수준에 해당하는 곳에는 '○'를, 목표에 해당하는 곳에는 '☆'를 해 주세요.

과목 점수	국어	영어	수학	사회	과학			
100								
90								
80								
70								
60								
50								
40								
30								
20								
10								

나의 성공 습관 신문에 기고하기

NAME: _____ CLASS: _____

20년 후 미래의 '성공한 나'를 그려보며 내가 어떤 습관 때문에 성공했는지 신문에 기고하는 글을 써 보세요.

미리 쓰는 미래일기

NAME: CLASS:

10년, 20년 후 이뤄질 미래의 일을 오늘 일어난 것처럼 미래일기를 써 보세요.
쓰면서 실제로 일어난 일처럼 행복감을 느끼는 것도 잊지 마세요.

MARCH 29, 2045

TIME

미국 시사주간지 TIME지의 표지 모델이 되었습니다.
내가 어떤 모습으로 소개되기를 원하시나요?
위쪽에는 사진, 아래쪽에는 기사 문구를 넣어 주세요.

자기소개서 양식(2021, 서울대)

1. 고등학교 재학 기간 중 자신의 진로와 관련하여 어떤 노력을 해왔는지 본인에게 의미 있는 학습 경험과 교내 활동을 중심으로 기술해 주세요(띄어쓰기 포함 1,500자 이내).

2. 고등학교 재학 기간 중 타인과 공동체를 위해 노력한 경험과 이를 통해 배운 점을 기술해 주세요(띄어쓰기 포함 800자 이내).

3. 고등학교 재학 기간(또는 최근 3년간) 읽었던 책 중 자신에게 가장 큰 영향을 준 책 2권을 선정하고 그 이유를 기술해 주세요.
    ▶ '선정 이유'는 단순한 내용 요약이나 감상이 아니라, 읽게 된 계기, 책에 대한 평가, 자신에게 준 영향을 중심으로 기술한다.

선정 도서		선정 이유
도 서 명		
저자/역자		
출 판 사		
도 서 명		
저자/역자		
출 판 사		

자기소개서 1

NAME: CLASS:

- 나의 장점 3가지와 단점 3가지를 적어 보세요.

   장점

  1.

  2.

  3.

  단점

  1.

  2.

  3.

- 내가 커서 이루고자 하는 꿈을 간략히 적어 보세요.

- 지원하고자 하는 학과를 적고 지원 동기를 적어 보세요.

자기소개서 2

NAME: CLASS:

- 전공과 관련하여 대학에 입학하면 가장 하고 싶은 일을 적어 보세요.

  1.

  2.

  3.

- 자신이 읽었던 책 중에서 인상 깊었던 책 3권을 적고, 선택한 이유를 적어 보세요.

  1. • 도서명:
     • 선택 이유:

  2. • 도서명:
     • 선택 이유:

  3. • 도서명:
     • 선택 이유:

- 나에게 의미 있었던 봉사 활동을 적고 느낀 점을 기록해 보세요.

  1. 봉사 활동 기간:

  2. 내용:

  3. 느낀 점:

자기소개서 3

NAME: _____ CLASS: _____

- 자신의 장점을 발휘한 사례와 단점을 극복하기 위해 기울인 노력이 있다면 구체적으로 적어 보세요.

    1.

    2.

    3.

- 교과 공부 외 활동 중 가장 소중했던 경험을 소개하고 그 경험이 자신에게 어떤 도움을 주었는지 적어 보세요.

- 진로와 관련하여 대학 졸업 후 계획을 적어 보세요.

내 꿈의 사다리

내 꿈을 이루기 위해 알아보고 준비해야 할 것들이 많이 있습니다. 어떻게 준비해야 할지 써 보세요.

- 내가 원하는 직업:

- 직업과 관련된 단체, 기관:

- 직업에 필요한 주요 능력:

- 관련 자격 / 요구 조건:

- 관련 학과, 전공:

미래의 나에게 보내는 편지 1

To. 미래의 나에게.

처음으로 편지를 보내는 것 같습니다.

초면인만큼, 존댓말을 하도록 하겠습니다.

어찌 됐든 미래라면, 지금의 저보단 나이가 많은 것 아닙니까? 하하하하

저는 요즘 결혼을 앞두고 있습니다. 3년간 연애한 아가씨인데 마음이 정말 비단결처럼 곱습니다.

전에 사귀던 아가씨와는 비교도 안 되지요.

예전엔 얼굴만 예쁘면 무조건 오케이 했는데… 살다 보니 외모보다 중요한 게 많더라고요.

나중에 2세를 키울 때 성격이 정말 중요하잖아요.

아이에게 잔소리에 짜증만 내고 명령조로 시키기만 한다면 얼마나 안 좋은 영향을 미치겠습니까?

저는 아이에게 인성 교육을 시키는 엄마가 정말 필요하거든요.

그리고 이제 가정을 꾸리게 된다고 생각하니 책임이 막중함을 느낍니다.

제가 책임져야 할 식구가 생긴다니 이런 기분은 처음입니다.

어서 아이가 태어나기 전에 많은 것들을 준비해야겠어요.

일단 직장 생활을 좀 더 충실히 해야겠고, 20년 후 퇴직에 대비하여 따로 공부도 계속할 계획입니다. 이런 부장님이 부르시네요.

그럼, 오늘은 이만. 허허, 지금 웃으시나요?

지켜봐 주세요. 지금, 한 걸음 더 다가가겠습니다.

From. 26살, '현재의 나' 올림

미래의 나에게 보내는 편지 2

미래의 나에게.

안녕! 나는 미래의 나에게 편지를 쓰는 미정이야.

나는 내 미래의 모습이 정말 궁금해.

지금 나의 장래 희망은 아나운서인데 미래의 내가 아나운서가 되어 있을지 아니면 다른 직업을 갖고 있을지 궁금하다.

그리고 미래에는 내가 봉사 활동을 많이 했으면 좋겠어. 현재는 내가 아직 너무 어려서 할 수 있는 게 별로 없거든. 그래서 내가 크면 어렵고 힘든 사람들을 많이 도와줄 거야.

나는 미래에 무슨 중학교, 고등학교, 대학교를 다니게 될까? 정말 궁금해.

그리고 나는 어떻게 자라 있을까??

내가 어른이 되면 우리 엄마, 아빠는 할머니, 할아버지가 되어 있겠지?

나는 편지를 쓰는 동안 지금이라도 부모님께 효도를 해야겠다는 생각이 들었어.

그리고 내가 결혼을 하고 아이를 낳으면 그 아이는 귀여울까??

분명히 엄청 귀여울 것 같아. 근데 커서 나처럼 말을 잘 안 들으면 어떻게 하지? ㅋㅋ

내가 커서 혼자 살 때는 어느 지역에서 살지도 너무 궁금하다.

인천에 살지, 아니면 서울, 대전 등등…. 어쩌면 계속 여수에 살고 있을지도 모르겠다.

1년 후면 헤어져야 할 친구들과 선생님을 언제쯤 다시 만날 수 있을까?

나는 내가 정말 빨리 어른이 되었으면 좋겠어.

왜냐하면 어른이 되면 어린이가 하지 못하는 여러 가지 일을 경험할 수 있을 테니까.

빨리 어른이 돼서 지금까지 하지 못했던 일들을 마음껏 하고 싶어.

그리고 다른 사람들이 나를 본받고 싶다는 생각이 들도록 항상 성실하고 모든 일에 최선을 다하면서 남을 배려할 수 있었으면 좋겠어.

근데 미래에 걱정되는 것도 있어. 어렸을 때 공부를 열심히 하지 않고 매일 놀면서 훌륭한 사람이 되지 못할까봐 걱정이 된다. 그래서 지금부터 공부를 열심히 할 거야.

미래의 나. 정말 빨리 만나보고 싶다.

미래의 나에게 현재의 내가 보내는 편지

to. _____

from.

자기주도학습
코칭 프로그램

믿음이 성공과 실패를 가른다
감사 노트
관점 바꾸기
미래의 내 홈페이지 메인화면 만들기
행복하게 사는 법 1
행복하게 사는 법 2
나는 운이 좋다 vs. 나는 운이 좋지 않다
나는 운이 좋다
자신감 주문 만들기
감사하기 _ 감사송 만들기
비교하지 않기 _ 모방시 쓰기
클래식 음악 집중해서 듣기
자신과 대화하기
실수한 나의 친구에게
친구를 위한 칭찬 삼행시
친구 맺고 싶은 멘토(mentor), 롤 모델(role model) 정하기
내 친구 사전
나를 소개합니다

마음과
태도

PART 2. 마음과 태도

　Part 2는 '마음과 태도'에 관한 내용이다. 부정적인 감정 상태에서는 공부에 몰입하기가 힘들다. 내용을 이해하고 외우고 자기 것으로 만들고, 창의적인 생각을 해 나가려면 긍정적인 감정 상태를 유지할 수 있어야 한다. 따라서 평소에 자신의 감정을 다스리고 마음을 조절하는 훈련을 해야 한다.
　하버드대 샤하르 교수는 "언제나 현재를 소중히 여기고 늘 감사해야 한다."고 역설했다. 이것을 위해 그가 권하는 방법은 '감사 노트'를 쓰는 것이다. 그는 매일 밤 잠들기 전 그날 하루를 되돌아보며 감사한 대상을 노트에 적었다. 몇 개의 단어를 적는 것에 불과하지만 그렇게 하는 것만으로도 긍정적이고 낙관적인 생활 태도를 가지는 데 도움이 되었다고 한다. 감사함이 없는 마음으로 인생을 긍정적으로 바라보는 것은 불가능하다. 아무리 어려운 상황이라도 감사한 것들을 발견하는 사람은 희망의 싹을 틔울 수 있다.
　인종 차별이 심한 미국 남부의 미시시피주에서 미혼모의 사생아로 태어난 흑인 소녀는 할머니 손에서 거의 매일 매질을 당하면서 지독한 가난 속에서 자랐다. 그녀는 사생아이자 흑인이었으며, 가난하고 뚱뚱한 미혼모였고, 마약 중독자였다.

희망을 발견하고 현실을 이겨내기에 그녀가 가진 조건은 너무 형편없었다. 아마 그대로 실패한 인생으로 막을 내린다 해도 아무도 이상하게 생각하지 않았을 것이다. 하지만 인생은 반전이 있기에 묘미가 있다. 훗날 그녀는 전 세계 시청자를 웃기고 울리는 사람이 됐다. '오프라 윈프리 쇼'의 진행자로 유명한 그녀는 오프라 윈프리다.

윈프리가 말하는 성공 비결은 책 읽기와 감사일기다. 어릴 적부터 책 읽기를 좋아한 그녀는 친구가 없어서 강아지에게 성경을 읽어주었다고 한다. 그리고 언제부터인가 하루 동안 일어난 일들 중 감사한 일 다섯 가지를 찾아 기록하는 감사일기를 빼먹지 않았다.

감사의 내용은 "오늘도 거뜬하게 잠자리에서 일어날 수 있어서 감사합니다.", "유난히 눈부시고 파란 하늘을 보게 해 주셔서 감사합니다.", "오늘 아침 맛있는 토스트를 먹게 해 주셔서 감사합니다.", "얄미운 행동을 한 동료에게 화내지 않았던 저의 참을성에 감사합니다.", "좋은 책을 읽었는데 그 책을 써 준 작가에게 감사합니다." 등 거창하거나 화려하지 않고 지극히 일상적인 것들이다. 사소한 것들을 감사하고 소중히 여기는 마음속에 인생을 바꾸는 커다란 힘이 존재한다.

그녀는 감사일기를 통해 인생에서 소중한 것이 무엇인지, 그리고 삶의 초점을 어디에 맞춰야 하는지 알고 배우게 됐다고 한다. 감사가 사라진 자리에는 교만이 싹튼다. 교만이 번성하는 곳에 평화는 사라지고 다툼과 괴로움이 펼쳐진다. 감사는 삶의 본질을 바로 보게 하고 자신을 겸손의 자리로 인도한다. 겸손한 사람에게는 자연이 부어주는 축복이 흘러 들어간다.

윈프리는 자신의 책에서 감사에 대해 다음과 같이 말했다.

"항상 감사한 마음을 가지기는 쉽지 않다. 하지만 당신이 가장 덜 감사할 때가 바로 감사함이 가져다 줄 선물을 가장 필요로 할 때다, 감사하게 되면 내가 처한 상황을 객관적으로 멀리서 바라보게 된다. 그뿐만 아니라 어떤 상황이라도 바꿀 수 있다. 감사한 마음을 가지면 당신의 주파수가 변하고 부정적 에너지가 긍정적 에너지로 바뀐다. 감사하는 것이야말로 당신의 일상을 바꿀 수 있는 가장 빠르고 쉬우며 강력한 방법이라고 나는 확신한다."

지금보다 더 나은 삶을 살고 싶다면, 절망의 늪에 빠져 허우적거리고 있다면 감사한 것을 먼저 찾아볼 것을 권하고 싶다. 고난에서 나를 끌어내 주는 힘은 물질적인 것보다는 정신적인 것들이 대부분이다. 누군가 내게 물질적 도움을 주지 않더라도 나는 감사한 것을 찾음으로써 마음의 부를 즉각 충전할 수 있다. 감사함을 갖지 않고 자신의 자리에서 다시 일어난 사람은 없다.

'윈프리가 전하는 감사일기' 작성 원칙

- 원칙 1. 한 줄이라도 좋으니 매일 써라.
- 원칙 2. 주변의 모든 일을 감사하라.
- 원칙 3. 무엇이 왜 감사한지를 구체적으로 작성하라.
- 원칙 4. 긍정문으로 써라.
- 원칙 5. '때문에'가 아니라 '덕분에'로 써라.
- 원칙 6. 감사요청일기(미래의 일을 미리 이루어진 것처럼 감사하다고 적는 글)는 현재 시제로 작성하라.
- 원칙 7. 모든 문장은 '감사합니다.'로 마무리하라.

세네카는 "감사함을 표현하는 마음은 선(善)을 베푸는 마음만큼이나 아름다운 것이다."라고 했다. '범사에 감사하라'는 성경의 말씀은 널리 알려져 들어보지 않은 이가 없을 정도다. 하지만 아침에 일어나서 잠들기까지 우리가 하루에 감사한 것들은 얼마나 될까? 감사를 실천한 이들은 그들의 삶에 많은 긍정적인 일들이 있었다고 증언한다. 그렇다면 감사에는 어떤 원리가 숨겨져 있기에 우리 인생을 밝은 쪽으로 인도하는 것일까?

UC데이비스의 심리학 교수인 로버트 에몬스는 실험을 통해 "감사하는 사람은 훨씬 살아 있고, 경각심을 가지며 매사에 적극적이고 열정적이며, 다른 사람들과 더 맞닿아 있다고 느낀다."고 했다.

그는 12살에서 80살 사이의 사람들을 상대로, 한 그룹에는 감사일기를 매일 또는 매주 쓰도록 하고, 또 다른 그룹들에는 그냥 아무 사건이나 적도록 했다. 한 달 후 중대한 차이가 발생했다. 감사일기를 쓴 사람 중 4분의 3은 행복지수가 높게 나타났고, 수면이나 일, 운동 등에서 더 좋은 성과를 냈다. 그저 감사했을 뿐인데 뇌의 화학 구조와 호르몬이 변하고 신경 전달 물질들이 바뀐 것이다. 감사함을 느끼는 순간 사랑과 공감 같은 긍정적 감정을 느끼는 뇌 좌측의 전전두피질이 활성화된다. 심리학자들은 이를 'reset(재설정)' 버튼을 누르는 것과 같은 효과라고 설명한다. 감사가 인간이 느끼는 가장 강력한 감정이라는 것이 재확인된 셈이다.

이처럼 어떤 시각으로 자신과 상황을 바라보느냐에 따라 행복해질 수도 있고 불행해질 수도 있다. 마음은 내버려 두면 부정적인 상태로 이동하기 마련이다. 따라서 의도적으로 긍정적인 태도를 유지하기 위해 훈련을 할 필요가 있다.

수업마다 마음을 자극하고 긍정적인 태도와 관점을 유지할 수 있도록 다양한 활동지로 수업을 진행한다. 감사일기 하나만으로 여러 번 수업을 진행할 수도 있다. 상황과 여건에 맞추어 적절히 진행하면 된다.

믿음이 성공과 실패를 가른다
수영 선수 박태환의 《된다, 된다. 나는 된다》

성공과 실패를 가르는 비결에 대해 박태환 선수는 성공한 사람과 성공하지 못한 사람의 차이점은 성공한 이는 자신에게 능력이 있다고 믿었던 사람이고, 자신의 능력을 믿지 못하면 성공할 수 없다고 하였습니다.

나도 모르게 내 잠재의식 속에 남아 있을지 모르는 부정적인 생각을 떨쳐 내야 하며, 실패보다 더 나를 망가뜨리는 것은 실패를 두려워하는 나약한 마음이란 걸 지적하였습니다.

마음속으로 '된다, 된다. 나는 된다. 나는 금메달을 딸 것이다.'라고 되뇌었던 박태환 선수는 여러 대회에서 금메달을 수상하며 자신의 꿈을 키워 나갔습니다.

- 평소에 나는 스스로에게 자신감을 주기 위해 어떤 말을 하고 있나요?

- 없다면 나에게 자신감을 주는 한마디 해 볼까요?

감사 노트

일시	년 월 일
감사한 마음이 중요한 이유는 무엇인가?	1. 2. 3. 4. 5.
감사한 일과 감사한 분	예 1 환경 미화원 아저씨 - 깨끗한 거리를 만들어 주셔서 기분이 상쾌해짐 예 2 학원 가는 시간이 늦었는데 버스가 바로 와서 늦지 않을 수 있었다. 1. 2. 3. 4. 5. 6. 7. 8.

관점 바꾸기

어떤 어려움이나 단점 안에도 긍정적인 면이나 장점은 있기 마련입니다. 또 관점을 바꾸면 약점은 강점으로 바뀝니다. 그러기 위해서는 평소에 연습이 필요하지요. 고난이나 약점에 감춰진 긍정적인 면이나 장점을 찾아보세요.

단점이나 어려움	장점이나 기회로 바라보기
예1 코로나로 학교나 학원에서 수업이 어려움 예2 버스가 신호등마다 빨간불에 걸려 기분이 나쁨	예1 혼자 공부할 수 있는 능력과 습관을 만드는 기회로 삼는다. 예2 버스가 출발할 때는 항상 1등으로 출발해서 기분이 좋음

미래의 내 홈페이지 메인 화면 만들기

NAME: _____ CLASS: _____

미래의 어느 날, 내가 생각하는 장래 희망이 이뤄졌습니다.
전 세계 사람들에게 나를 알리기 위해 홈페이지를 열었습니다.
내 홈페이지의 메인 화면을 꾸며 보세요.

행복하게 사는 법 1

1. "천재는 99%의 노력과 1%의 영감으로 이루어진다."는 에디슨의 말을 기억하실 겁니다. 여기에서 1%의 영감이란 무엇을 말하는 것일까요?

2. 1%가 빠진 99%와 1%가 합해진 100%와는 얼마만큼의 차이가 있을까요?

3. 1%가 먼저일까요? 99%가 먼저일까요?

행복하게 사는 법 2

> 항상 모든 일에서 재미를 찾으세요. 저는 실험을 할 때 놀이를 한다고 생각합니다.
> 책을 읽을 때도, 일을 할 때도 마찬가지입니다. 여러분도 그렇게 해 보세요.
> 숙제도, 공부도, 회사 일도 모두 놀이라고 생각해 보세요.
> 그러면 항상 행복하게 살 수 있답니다.
> _ 에디슨

1. 에디슨이 행복하게 사는 법을 말해 주고 있네요. 에디슨의 말에 비춰 보았을 때 본인은 행복하다고 생각하세요? 만약 행복하지 않다면 그 이유는 무엇 때문일까요?

2. 누구나 행복을 추구합니다. 행복한 삶이 되기 위해선 어떻게 해야 할까요?

나는 운이 좋다 vs. 나는 운이 좋지 않다

여러분은 어느 쪽에 해당하나요?

질문 1

1. 나는 평소에 운이 좋다(감사한 일이 자주 생긴다)고 생각하나요? 그렇지 않다고 생각하나요?

2. 그렇다면 그렇게 생각하는 이유는 무엇인가요?

질문 2

똑같은 상황에서도 긍정적으로 생각하는 사람이 있고, 부정적으로 생각하는 사람이 있습니다. 태도의 차이가 어떤 결과의 차이를 가져오는지 말해 보세요.

> **예)** 어떤 대기업 창업자는 신입 사원을 면접할 때 반드시 이런 질문을 했다고 한다.
> "당신은 그동안 운이 좋았다고 생각합니까?"
> 그는 긍정적인 답변을 한 사원만 입사시켰다고 하며, 실제로 그 사원들이 회사의 중견 간부가 되었을 때 회사가 황금기에 들어섰다고 한다.

> **예)** 명량 해전은 1597년에 이순신 장군이 이끄는 수군이 명량에서 왜선을 쳐부순 싸움이다. 12척의 전선으로 적 함대 133척을 맞아 싸워 크게 이겼다. 이순신 장군은 12척의 배로 왜의 대군을 기다리며 선조에게 올린 글에서 "신에게는 아직 12척의 배가 있습니다."라고 하면서 희망을 버리지 않았다. 결국 지형과 조류를 이용하여 대승을 거두었다.

나는 운이 좋다

우리가 이렇게 만나다니 우리는 운이 참 좋습니다. 오늘부터 일주일 동안, 하루에 5가지씩 '운이 좋았던(감사하게 생각한) 일'을 써 보세요. (5가지가 넘지 않는다면 2~3가지만 적어도 좋아요.)

● 오늘 운이 좋았던 일에는 어떤 것이 있나요?

월 일 요일	1. 2. 3. 4. 5.
월 일 요일	1. 2. 3. 4. 5.
월 일 요일	1. 2. 3. 4. 5.
월 일 요일	1. 2. 3. 4. 5.
월 일 요일	1. 2. 3. 4. 5.

나의 자신감 주문 만들기

NAME: _____ CLASS: _____

- 나는 빠르다! 나는 강하다!! 나는 챔피언이다!! _ 위대한 권투선수 무하마드 알리
- He can do it, She can do it, Why not me?(이 사람도 하고, 저 사람도 할 수 있는데, 나라고 왜 못하겠어?) _ 재미(在美) 사업가 김태연 회장

〈나에게 자신감을 주는 한마디 말(주문)은?〉

감사하기
- 감사송 만들기 -

감사합니다 ♬ 가사	감사합니다 ♬ 가사
세상에는 감사할 일이 참 많습니다. 작은 일에도 감사하며 여러분 모두 힘내십시오. 감사합니다. 감사합니다. 영어로 땡큐, 중국어로 쒜쒜 일본어로 아리가또라고 하지요. 감사합니다. 감사합니다. 이번 학기에 복학했는데 가기 싫은 개강총회 억지로 갔는데 혹시 내가 말 실수할까 걱정했는데 다행히 아무도 말을 안 거네. 감사합니다. 감사합니다. 여자 친구랑 만날 때마다 돈을 자꾸 쓰게 돼서 힘들었는데 이러다가 거지될까 걱정했는데 여자 친구가 이제 그만 정리하재 감사합니다. 감사합니다. 얼마 전에 가족들이랑 대판 싸워 얼굴 보기 어색했는데 집에 가면 어떡하나 걱정했는데 부장님이 오늘도 야근이래. 감사합니다. 감사합니다.	

비교하지 않기
- 모방시 쓰기 -

나는 내가 좋다	나는 내가 좋다
나는 내가 좋다. 안경을 써도 잘 어울리는 나 어딘가에 부딪히지 않는 적당한 키를 가진 나 매일매일 끼니를 거르지 않는 건강한 나 매일 밤 잠을 푹 잘 수 있는 나 나는 그런 내가 참 좋다. 나는 내가 좋다. 운동을 꾸준히 하는 나 반복되는 일상속에서 가끔은 일탈도 할 수 있는 나 내 문제를 알고 고칠 노력을 할 수 있는 나 나는 그런 내가 참 좋다. 나는 내가 좋다. 모르는 사람들 사이에서도 혼자서 내 일을 꿋꿋이 할 수 있는 나 내 사람들에게 잘하자고 다짐하는 나 고마운 사람들에게 감사하는 나 나는 그런 날 좋아한다. 때로는 실수도 잦고 잘못도 저지르는 나. 하지만 그런 실수와 잘못도 발판삼아 일어날 수 있는 나 나는 내가 나여서 정말 좋다.	

클래식 음악 집중해서 듣기

다음에 들려주는 두 종류의 음악을 잘 들으세요. 잘 듣고 그 음악을 작곡한 사람은 어떤 성격이나 성향의 사람인지 짐작해 보세요.

> **[음악 준비]**
> A : 바흐 - 칸타타 147번 중 〈예수는 인류의 소망 기쁨 되시니〉
> B : 헨델 - 오라토리오 〈메시아〉 중 할렐루야 합창

1. 음악을 아버지와 어머니에 비유한다면 A, B 중 어떤 음악이 그에 해당하는지 자신의 느낌을 발표해 보세요.

2. A, B 음악에 해당하거나 표현해 줄 수 있는 사물을 말해 보세요.

3. A, B 음악을 그림으로 표현해 보세요.

> **Tip**
> 음악의 제목과 작곡가는 미리 알려줄 필요가 없다. 집중력과 분석력을 기를 수 있는 프로그램이다. 음악은 아이들에게 감정을 풍부하게 하므로 인성 교육에도 효과적이다. 각자의 느낌이 다를 수 있으므로 특별히 정답은 없다. 물론 작곡가와 그의 음악적 특징은 토론과 발표가 끝난 뒤에 이야기해 주면 좋다. 이와 같은 방법으로 여러 음악을 꾸준히 감상하는 것도 좋은 방법이다.

자신과 대화하기

NAME: _____ CLASS: _____

좋은 리더가 되려면 먼저 자기를 잘 알아야 합니다.
나는 어떤 사람일까요?

1. 내가 잘하는 일은 _____ 이다.

2. 나는 앞으로 _____ 을(를) 잘하고 싶다.

3. 나는 _____ 을(를) 할 때 가장 신나고 재미있다.

4. 내가 고치고 싶은 점은 _____ 이다.

5. 내게 가장 중요한 것은 _____ 이다.
   ㉠ 정직, 우정, 사랑, 용기, 공부, 노력, 믿음, 종교, 끈기 등

6. 나를 가장 잘 나타낼 수 있고, 설명해 줄 수 있는 단어(별명)는 _____
   _____ 이다.

7. 그러므로 나는 _____
   _____ 이다.

실수한 나의 친구에게

NAME: _____   CLASS: _____

"야, 틀렸잖아?", "바보야, 그것도 모르니?"
실수했을 때 이런 말을 듣는다면 기분이 좋을 리 없지요.
실수를 기분 나쁘지 않게 지적하면서 듣는 사람도 용기를 얻을 수 있는 말에는 무엇이 있을까요?

친구를 위한 칭찬 3행시

NAME: _____ CLASS: _____

선생님께 칭찬받으면 기분이 좋지요? 칭찬은 받는 사람과 하는 사람 모두를 기분 좋게 합니다. 또 칭찬은 고래도 춤을 추게 한다고 하잖아요. 같은 반에 있는 친구의 이름으로 칭찬하는 3행시를 지어 보세요. 서로 칭찬하다 보면 기분도 좋아져요.

친구 맺고 싶은 멘토(mentor), 롤 모델(role model) 정하기

NAME: _____ CLASS: _____

닮고 싶은 인물이나 롤 모델로 삼고 싶은 사람을 생각해 보세요.
또 그들의 어떤 특성을 닮고 배우고 싶은지 써 보세요.

[멘토, 롤 모델 1]
- 이름 :
- 닮고 배우고 싶은 특성 :

[멘토, 롤 모델 2]
- 이름 :
- 닮고 배우고 싶은 특성 :

[멘토, 롤 모델 3]
- 이름 :
- 닮고 배우고 싶은 특성 :

내 친구 사전

NAME: _____ CLASS: _____

서로 친구가 되려면 먼저 상대방을 잘 이해해야 합니다. 그러기 위해서는 친구에 대해서 잘 알아야 합니다. 나의 친한 친구에 대한 사전을 만들면서 친구를 더 자세하게 알아봅시다. 나는 친구에 대해 얼마나 알고 있을까요?

- 친구 이름:

- 사는 곳:

- 취미:

- 성격:

- 고민:

- 특기:

- 좋아하는 연예인:

- 좋아하는 음식:

- 장점:

- 장래 꿈:

나를 소개합니다

NAME: CLASS:

사람들에게 나를 알릴 일이 생겼습니다. 그림과 글을 통해 친구들에게 나를 적극 홍보하는 광고를 만들어 보세요.

자기주도학습 코칭 프로그램

독서 습관 설문
나는 무엇을 읽고 있는가?
신문 기사 읽기
책 소개장
읽기 자료 _ 위인들의 독서 습관
읽기 수업
3SR2E _ 교과서(참고서) 제대로 읽기
개념 노트 만들기
질문 노트
5SR2E _ 읽기 심화
3R3W _ 단원 읽기
문장 만들기
참고서 교과서에 옮겨 적기
그림으로 표현하기
저자에게 편지 쓰기
저자 인터뷰 계획서
서평 쓰기
토론 계획 세우기
도전! 낱말 퍼즐
공부 습관과 망각
교과서 읽고 빈칸 채우기

수업 되살리기
동영상 수업 되살리기
선생님처럼 설명하기
아는 것과 모르는 것 구분해서 읽기
영어 교과서 백독백습
영어 교과서 제대로 읽기
도전! 영어 단어 퍼즐
영어 단어 그림 퀴즈
신나는 영어 교과서 (   ) 채우기 게임
신나는 영어 교과서 주어 동사 수 일치
영어 교과서 해석해서 적어 보기
수학 교과서 제대로 읽기
수학 문장제 문제를 풀기 위한 문제 분석
수업 지도안 만들기
동영상 강의안 만들기
UCC 제작 기획서
내 손으로 자습서 만들기
문제 해결 프로젝트
교과서 읽고 플래시 카드 만들기
꿈을 이루는 공부 습관 만들기

공부 기술과 학습 전략

들어가기

PART 3. 공부 기술과 학습 전략

    Part 3은 '공부 기술과 학습 전략'에 관한 내용이다. 공부를 잘하기 위해서는 올바른 공부 방법을 익히고 그것을 반복해서 숙달해야 한다. 그리고 과목이 많아지고 학습량이 늘어날수록 전략적인 접근이 필요하다. 무조건 열심히만 한다고 해서 공부를 잘할 수는 없다.

    모차르트는 우리에게 음악의 천재나 신동으로 알려져 있다. 하지만 그런 그도 2살 때부터 8살 때까지(우리 나이로 하면 4살부터 10살쯤 될 것이다) 매주 35시간 이상씩 꾸준히 아버지가 음악 공부와 연주를 시킴으로써 대중 앞에 나섰을 때 이미 1만 시간을 넘겼다고 한다. 사람들은 그가 연습하는 과정을 보지 못했기 때문에 천재라고 불렀다. 매주 35시간 이상 연주할 때 그냥 습관적으로 연습한 것이 아니고, 마음과 혼을 담아 연습했기 때문에 천재적인 능력을 발휘할 수 있었다. 공부도 단순히 시간을 채우는 식의 공부는 시간을 많이 사용하더라도 효과가 없다. 공부하는 그 시간에 마음을 담아야 한다.

항상 집중하려고 노력해야 한다. 문제는 집중이다. 즉 깨어 있는 의식으로 목적을 가지고 반복해서 연습하는 것이다.

흔히 "꾸준히만 하면 목표에 도달할 것이다."라는 말을 한다. 듣기에는 그럴싸하지만 사실 틀린 말이다. 그냥 열심히만 해서는 목표에 도달하기 어렵다. 올바른 연습을 충분한 기간 동안 했을 때 실력이 향상되고 원하는 목표에 도달할 수 있다.

대체로 우리가 어떤 기술을 처음 배울 때 일정 시간을 투자하면 성과가 나온다. 요리를 한다거나, 운전을 배운다든지, ppt 만드는 기술을 배운다든지… 이런 것들은 일정 시간을 들여 노력하면 결과가 만들어진다. 하지만 단순히 요리를 오래 했거나, 운전을 오래 했거나 강사 생활을 오래 했다고 해서, 모두 일류 요리사, 카레이서, 뛰어난 강사가 되는 것이 아니다. 왜 그럴까? 오랜 시간을 투자했으면 최고가 되어야 하지 않을까? 하지만 어떤 분야에 10년 이상을 종사하고서도 그 분야에 뛰어난 전문가가 되지 못한 경우를 우리는 허다하게 볼 수 있다.

여기서 이해해야 할 아주 중요한 사실이 하나 있다. 운전, 수영, 요리 등 무엇이 되었든 일단 그 일이 '만족할 만한' 수준에 도달하면 발전이 멈춘다는 것이다. 사람들은 종종 오해를 한다. 지속적으로 운전을 하거나 수영을 하거나 요리를 하는 것이 일종의 연습이라고 생각하고, 그 일을 계속하면 발전할 거라고 기대하는 것이다. 속도는 느리더라도 계속 연습을 하니까 점점 나아질 거라고 생각하는 것이다.

그간의 연구에 따르면 일반적으로 어떤 사람이 그럭저럭 '만족할 만한' 실력에 도달하고, 그것을 습관적으로 처리하면, 이후의 '연습'은 실력 향상으로 이어지지 않는다. 그렇게 되는 이유는 바로 이런 반복적이고 기계적인 능력은 그것을 향상하려는 '의식적인 노력'을 하지 않을 경우에 서서히 나빠지기 때문이다.

경력이 오래되었다고 해서 항상 뛰어난 것은 아니다. 시간도 중요하지만 그보다는 의식적인 연습이 중요하다. 즉 목적의식이 있는 연습이 필요한 것이다.

목적의식이 있는 연습이란 명확하고 구체적인 목표를 가지고 임하는 것이다. "미국 영화를 자막 없이 보기, 경복궁에 오는 외국인에게 실수 없이 영어로 안내하기" 등. 이런 목표가 없다면 연습이 효과적인지 파악하기가 어렵다. '목적의식 있는 연습'은 아기가 걸음마를 배우듯 작은 단계를 차곡차곡 더해서 장기 목표에 도달하는 방법이다. '목적의식 있는 연습'에는 집중이 필요하다.

태권도의 격파 시범을 본 적이 있다면 집중을 잘 이해할 수 있을 것이다. 눈앞에는 어린아이 키만큼의 기왓장이 놓여 있고 선수는 온 마음과 몸을 집중한다. 조금이라도 흐트러진다면 격파는 성공할 수가 없다. 고양이가 쥐를 잡을 때는 거기에만 집중해야지 다른 생각으로 집중이 흐트러지면 쥐를 놓치고 말 것이다.

공부는 집중된 상태가 지속적으로 이어져 몰입으로 갈 때 새로운 지평이 열리고 '아하' 체험을 하게 된다. 모든 것은 익숙해지기 전까지는 어렵고 힘들다. 공부를 잘하기 위해서는 공부 습관이 몸에 배야 한다. 공부 습관을 형성하기 위해서는 매일 집중해서 공부하는 시간을 늘려가야 한다. 그리고 좋은 공부 방법은 발전시키고 잘못된 공부 방법은 버리거나 고치도록 의식적인 노력을 해야 한다.

이번 장에서는 공부에서 가장 중요한 읽기(3SR2E, 5SR2E)와 예습, 복습, 집중, 쓰기 등 공부 방법을 훈련하게 된다. 특히 3SR2E는 자기주도학습 능력을 기르는 핵심이 되므로 여러 번 훈련하여 완전히 몸에 익히도록 해야 한다.

"행복한 삶을 살고 싶다면,
사람이나 사물이 아닌 목표에 의지하라."

- 알버트 아인슈타인

독서 습관 설문

● 나는 얼마만큼 독서에 관심과 흥미가 있을까요?

	내용	예	아니오
1	책을 읽는 것이 재미있고 즐겁다.		
2	책 읽는 것을 좋아하며, 평소에도 책을 많이 읽는 편이다.		
3	특별히 할 일이 없거나 심심하면 책을 읽는 편이다.		
4	휴일이나 여가 시간에는 주로 독서를 좋아하고 즐긴다.		
5	여행을 가거나 친척 집에 갈 때도 책을 한두 권쯤 가지고 간다.		
6	책을 선물로 받았을 때 기분이 별로 나쁘지 않다.		
7	서점에 들러 책을 찾아보기를 좋아하고 그 시간이 재미있다.		
8	친구들과 책을 서로 돌려 보기를 좋아한다.		
9	내 용돈으로 직접 책을 사서 보기도 한다.		
10	친구가 좋은 책을 추천해 달라고 하면, 자신 있게 추천해 줄 수 있는 책이 한두 권은 있다.		
11	선생님이나 주변에서 추천하는 필독도서나 권장도서 목록에 관심을 갖고 살펴본 적이 있다.		
12	신문이나 뉴스에 나오는 책 소개를 관심 있게 보거나 듣는다.		
13	도서 전시회나 책 잔치 같은 독서 관련 행사에 참가해 본 적이 있다		
14	TV를 보거나 인터넷을 하는 시간보다 책 읽는 시간이 더 많다.		
15	주기적으로 도서실이나 도서관에 자주 들러 책을 빌려 본다.		

"예"에 답한 총 개수 (   ) 개

구분	설명
0 ~ 5개	책 읽기를 많이 싫어하는군요. 매일 조금씩 재미있는 책부터 읽어 보세요.
6 ~ 10개	책 읽기에 조금 흥미가 있군요. 본인이 재미있어 하는 분야에서 조금씩 다른 분야에도 관심을 가져보세요.
11 ~ 15개	책 읽기를 아주 좋아하는군요.

● 나의 독서 태도와 습관을 알아보아요.

	내용	예	아니오
1	평소에 책을 많이 읽는 것이 학교 공부하는 데 도움이 된다고 생각한다.		
2	독서는 사고력, 상상력, 창의력, 집중력 계발과 풍부한 정서 함양에 큰 도움이 된다고 생각한다.		
3	재미뿐만 아니라 지식과 정보를 얻기 위해서 독서를 한다.		
4	재미있는 책을 읽고 나면 엄마나 친구들에게 이야기하기를 좋아한다.		
5	책을 읽을 때는 다른 데 신경 쓰지 않고 집중하여 읽는다.		
6	책을 읽을 때에는 중요한 부분에 밑줄을 치기도 하고, 나의 생각을 메모하기도 한다.		
7	필독도서나 권장도서 목록을 참고하여 읽는다.		
8	주변에서 나를 '책벌레' 또는 '독서광'이라고 자주 말한다.		
9	시간 가는 줄 모르고 책을 읽은 경험을 자주 한다.		
10	재미있는 책을 읽기 시작하면 다 읽을 때까지 손에서 놓지 않는 편이다.		
11	알고 싶은 것이나 궁금한 것은 책을 통해서 찾아본다.		
12	거의 매일 꾸준히 책을 많이 읽는 편이다.		
13	시간과 책 목록을 정해서 계획적으로 책을 읽는다.		
14	과제 해결을 위해 도서관에 가서 자주 책을 찾아본다.		
15	학교 공부 말고도 나의 관심 분야의 책을 찾아 읽는다.		
	"예"에 답한 총 개수 ( ) 개		

구분	설명
0 ~ 5개	체계적으로 책을 읽는 습관을 기르기 위해 노력하세요.
6 ~ 10개	좀 더 바른 독서 태도와 습관이 필요합니다.
11 ~ 15개	독서 태도와 습관이 매우 바르게 형성되어 있군요. 지금처럼 꾸준히 읽어 보세요. 훌륭한 독서가가 될 거예요.

• 나는 얼마나 풍부한 독서 환경 속에 있을까요?

	내용	예	아니오
1	어렸을 때, 부모님께서 나에게 책을 자주 읽어주셨다.		
2	어렸을 때, 나의 방이나 주변에는 책이 많이 있었다.		
3	우리 식구들이 책 읽는 모습을 자주 볼 수 있다.		
4	우리 가족은 함께 책을 읽고 서로 이야기하기를 좋아한다.		
5	책 선물을 자주 받는 편이다.		
6	우리 집과 나의 방에는 다양한 책이 많다. (학습 참고서 제외)		
7	집 가까이에 도서관이 있어 손쉽게 이용할 수 있다.		
8	내가 다니는 학교에는 책이 충분하게 구비되어 있다.		
9	집 주변에 서점이나 도서관들이 많이 있어서 책을 접할 기회가 많은 편이다.		
10	집 안에 조용히 책을 읽을 수 있는 내 방이나 나만의 공간이 있다.		
11	나의 주변에는 독서의 필요성과 중요성을 강조하며, 독서를 적극 권장하는 사람들이 많다		
12	내 친구들 중에는 독서를 좋아하는 친구들이 많다.		
13	친구들과 책을 돌려보기도 한다.		
14	부모님께서 책을 자주 선물해 주시거나 책을 구입할 수 있도록 기회를 주신다.		

"예" 에 답한 총 개수 (   ) 개

구분	설명
0 ~ 5개	독서를 습관화할 수 있는 환경 조성을 위해 많은 변화가 필요합니다.
6 ~ 10개	독서에 대해 꾸준한 관심이 필요합니다.
11 ~ 15개	책 읽기에 아주 좋은 최상의 환경입니다. 훌륭한 독서가가 될 수 있을 겁니다.

나는 무엇을 읽고 있는가?

[토론 발표]
- 활동 1: 평소에 나는 주로 무엇을 읽고 있는지 이야기해 봅시다. 내가 주로 읽는 책의 종류나 좋아하는 작가를 말해 보세요.

- 활동 2: 책을 읽는 것이 어떤 도움이 될까요? 읽지 않으면 어떤 불편한 점이 있을까요?

Tip
앞의 진단한 내용을 바탕으로 토론하면서 자신의 부족한 부분을 스스로 느끼도록 하는 것이 중요하다.

신문 기사 읽기

[다함께 활동]
- 활동 : (신문 준비해서) 가장 마음에 드는 기사를 고르고, 고른 이유를 설명하세요.
  * 학생 숫자만큼 신문을 준비해서 각자 정해진 시간 동안 신문을 볼 수 있도록 하고, 가장 마음에 드는 기사 하나를 발표할 수 있도록 준비시킨다.

Tip
이 프로그램은 읽기와 집중력 향상을 위한 프로그램이다. 학생들의 분위기를 봐서 집중하는 학생이 많을 경우 좀 더 지속한다.

[숙제]
신문 기사 중 다른 사람에게 읽어 주고 싶은 좋은 내용이나 함께 알았으면 하는 좋은 기사를 준비해 와서 다음 시간에 읽어줄 수 있도록 한다.

Tip
신문이 없거나 준비하지 못했을 경우 인터넷 기사를 출력하여 사용해도 무방하다.

책 소개장

NAME: CLASS:

내가 그동안 읽은 책 중에서 가장 도움을 주고 느낀 점이 많았던 책을 2권 정하여 그 책을 친구들에게 소개하는 글을 적어 보세요.

- 책 제목 :
- 도움 받은 내용이나 느낀 점(그림으로 표현 가능) :

- 소개 이유 :

- 책 제목 :
- 도움 받은 내용이나 느낀 점(그림으로 표현 가능) :

- 소개 이유 :

읽기 자료 – 위인들의 독서 습관

　동서양의 위인들은 자신만의 독서법으로 인류의 정신적 유산을 흡수하여 자신을 단련시켰다. 그 독서법의 핵심은 바로 '독서 토론'과 '반복 독서' 그리고 '베껴 쓰기' 등이 있다.

❶ 존 스튜어트 밀의 독서법

　존 스튜어트 밀은 플라톤, 아리스토텔레스, 데카르트, 키케로 같은 유명한 천재 사상가들의 책과 논문을 열심히 읽고, 매일 아침 아버지와 깊이 있는 토론을 하면서 그들의 위대한 정신세계와 사고 능력을 자신의 것으로 만드는 방법을 사용했다. 그는 이런 독서 습관 덕분에 또래 친구들보다 최소한 20년 이상을 앞서 나갈 수 있었다고 고백했다.

❷ 링컨의 독서법

　링컨은 읽기 공부는 성경으로 했고, 쓰기 공부는 자신이 본받고 싶었던 워싱턴과 제퍼슨의 필체를 그대로 베껴 쓰는 것으로 했다. 책을 빌린 후에 그 내용을 일일이 베낀 다음 실로 묶어서 자신만의 책을 만들었다. 그렇게 만든 책은 완전히 이해할 때까지 집중해서 읽었고 그렇게 읽은 결과 하루에 20~30쪽밖에 읽지 못했다고 한다. 책을 다 읽고 난 다음에는 느낌을 적었고 다른 사람도 이해할 수 있도록 쉽게 고쳐 쓰기까지 했다고 한다. 링컨은 정식 교육을 받은 기간이 채 열두 달도 되지 않았지만 읽고, 쓰고, 외우는 일을 멈추지 않았다. '베껴 쓰기'를 바탕으로 한 자신만의 독서법을 통해 글을 완전히 깨우치게 되자 예전에는 상상도 할 수 없었던 신비롭고 새로운 세상을 볼 수 있게 되었다. 세상을 보는 눈이 완전히 달라진 링컨은 미래에 대한 희망을 갖게 되었다.

❸ 혜강 최한기의 독서법

최한기는 조선 후기 사상계의 최고 봉우리로 평가받고 있다. 그는 기학(氣學)의 창시자로 우리나라 역사상 가장 많은 책을 쓴 사람이다. 천문, 지리, 농학, 의학, 수학 등 학문 전반에 박식해 1천여 권의 책을 저술했다. 현재는 20여 종, 총 120여 권의 책만 남아 있다. 그는 읽은 횟수를 표시해 가면서 책을 반복해서 읽고 외워 완전히 자신의 것으로 만들었다고 한다.

❹ 백곡 김득신의 독서법

조선 시대를 통틀어서 책을 반복해서 많이 읽은 사람으로는 아마 김득신이 으뜸일 것이다. 그는 명문 사대부가의 자손으로서 아버지가 정3품 부제학을 지냈다. 태몽에 '노자'가 나타나 집안의 기대를 한 몸에 받고 자랐지만 10살에야 겨우 글을 깨치기 시작했고, 20살에야 겨우 스스로 작문을 할 수 있게 되었다. 주위에서는 우둔한 아들을 포기하라고 수군거리기도 했다. 그러나 아버지는 "더 노력하거라. 공부란 꼭 과거를 보기 위해서 하는 것은 아니란다." 하고 격려해 주었고, 이에 김득신은 책을 읽고 또 읽어 나갔다.

그가 1만 번 이상 읽은 책들만 기록한 〈고문36수독기〉에는 사마천의 《사기-백이열전》을 무려 11만 3천 번이나 읽었다고 기록되어 있다. 그래서 그의 호를 억만재(億萬齋)라고 했다고 한다. 34년 동안 반복해서 읽은 책은 그냥 눈으로 읽은 것이 아니라 소리 내어 읽은 횟수라고 하니 그저 놀라울 따름이다.

김득신은 각고의 노력으로 59세에 문과에 급제하여 성균관에 입학했으며,

조선 시대 오언절구와 칠언절구의 대가로 이름을 떨쳤다.

그는 자신의 묘비에 스스로 이런 글귀를 남겼다.

"재주가 남만 못하다고 스스로 한계 짓지 마라. 나보다 어리석고 둔한 사람도 없겠지만 결국에는 이룸이 있었다. 모든 것은 힘쓰는 데 달렸을 따름이다."

어릴 때 바보 같다는 놀림을 받았던 백곡 선생도 엄청난 독서와 반복해서 읽기를 통해 조선 최고의 시인으로 이름을 날릴 수 있었다.

❺ 세종 대왕의 독서법

어린 시절 세종 대왕의 독서법은 '백독백습(百讀百習)'이었다. 즉 100번 읽고 100번 베껴 쓰는 것이다. 세종은 하루가 멀다 하고 밤을 새며 책을 읽었고, 한 번 읽고 한 번 쓸 때마다 '바를 정자(正)'를 표시했다고 한다. 그렇게 백 번을 읽고, 백 번을 쓴 결과 태종의 어떤 어려운 물음에도 막힘없이 대답할 수 있었다고 한다.

[질문]

1. 반복해서 책을 읽은 경험이 있습니까? 있다면 반복했을 때와 그렇지 않았을 때의 차이점은 무엇입니까?

2. 공부할 때 같은 참고서나 문제집을 한 권을 반복해서 보는 것이 좋을까요? 여러 문제집을 풀어보는 것이 좋을까요?

3. 책을 읽고 나서 토론을 하는 것과 토론을 하지 않는 것과는 어떤 차이점이 있습니까?

4. 베껴 쓰기를 공부에 활용하려면 어떻게 하면 될까요?

읽기 수업

선생님이 정해준 교재의 페이지를 다함께 똑같이 읽습니다.

읽을 페이지: 부터   까지

1. 먼저 모르는 낱말에는 줄을 그으면서 읽으세요.

2. 사전을 찾아서 밑줄 그은 모르는 낱말의 뜻을 적으세요.

3. 이제 다시 낱말의 뜻을 봐가면서 읽기로 정한 부분까지 읽으세요.

4. 다 읽은 다음 밑줄 그은 단어가 무엇인지 친구와 서로 비교해 보세요.

5. 서로 마주보며 자신이 그은 단어의 뜻을 친구에게 질문해 보세요.

6. 낱말 뜻을 생각하면서 다시 읽으세요.

7. 낱말 뜻을 이해하고 읽었을 때와 그렇지 않았을 때 어떤 차이가 있는지 발표해 보세요.

3SR2E - 교과서(참고서) 제대로 읽기

읽을 페이지: 부터   까지

1. 책의 차례를 천천히 보면서 책에 어떤 내용이 담겨 있는지 살펴보세요.
   (목차는 산에 들어가기 전에 산의 전체 모습을 그려 보는 길잡이입니다.)

2. 정해진 페이지를 천천히 읽어 나가세요.

3. 모르는 낱말이 나오면 밑줄을 긋고, 사전에서 낱말의 뜻을 찾아 적어 보세요.

4. 내용을 이해하면서 계속 '천천히' 읽어 나가세요.

5. 한 번 읽었으면 1회독(1SR-Slow Reading)이라고 적으세요.

6. 다시 한 번 천천히 읽되, 이번에는 중요한 내용에 밑줄을 그으면서 '천천히' 읽어 보세요.

7. 다 읽으셨나요? 이제 2회독(2SR)이라고 적으세요.

8. 자, 이번에는 선생님이 돼서 친구들을 가르친다고 생각하고, '천천히' 읽어 보세요.
   (무엇을 어떻게 설명할까 생각하면서 천천히 읽으세요.)

9. 다 읽으셨나요? 이제 3회독(3SR)이라고 적으세요.

10. 그럼, 무슨 내용이었는지 기억을 한번 해 볼까요? 노트에 방금 읽은 내용을 기억하면서 적어 보세요. (1E-Expressing in writing)

12. 어때요? 잘 기억이 나세요? 책과 노트를 비교해 보고 노트에 빠진 부분을 색깔이 다른 펜으로 적어 보세요.

13. 이제 정리한 노트를 보며 친구나 선생님에게 설명해 보세요. (2E-Expressing in speaking)

Tip

교과서나 참고서를 정해서 1~2페이지 분량을 위의 순서대로 읽으면서 내용을 제대로 읽을 수 있도록 지도한다. 학생의 읽기 수준에 따라서 횟수나 분량을 조절하여 진행할 수 있다. 1회 읽을 때마다 1회, 2회, 3회 등으로 읽은 횟수를 적도록 한다. 읽은 시간을 잴 수 있으면 읽을 때마다 읽은 시간을 기록한다. 3SR2E 공부법(3번 천천히 읽고 2번 표현하는 공부)은 자기주도학습의 핵심이 되므로 완벽하게 습득하도록 훈련한다.

개념 노트 만들기

NAME: _____   CLASS: _____

책에서 모르는 낱말에 밑줄을 긋고 사전이나 참고서를 통해 그 뜻을 적어 보세요.

낱말	개념(뜻)

● 수업 진행 방법

1. 책에 체크했던 모르는 낱말을 개념 노트에 기록한다. (1회)
2. 적은 낱말을 자신의 말로 풀어서 말해 본다. (2회)
3. 정리한 노트를 친구에게 주고 낱말을 질문하고 대답하는 시간을 갖는다. (3회)
4. 노트의 낱말 뜻을 가리고 스스로 말해 본다. (4회)

질문 노트

책을 읽고 궁금한 내용 중심으로 질문 노트를 작성해 보세요.

책 제목	
읽은 페이지	부터 ~ 까지
이미 알고 있는 정보와 지식	
책을 통해 새로 알게 된 내용	
더 알고 싶은 내용	
궁금한 내용	

5SR2E _ 읽기 심화

읽을 페이지 :   부터   까지

- 정해진 교재의 페이지를 다함께 똑같이 읽습니다.

1. 먼저 읽을 부분의 목차를 읽으며 모르는 낱말에는 밑줄을 그으세요. 사전을 찾아서 낱말 뜻을 적으세요.

2. 이제 읽기로 정한 부분을 최대한 천천히 읽으세요. (1회독)

3. 중요하다고 생각되는 문장이나 구절을 찾아 밑줄을 그으면서 읽으세요. (2회독)

4. 내일 선생님이 돼서 친구들을 가르친다고 생각하고 다시 천천히 읽으세요. (3회독)

5. 자신이 시험 문제를 출제하는 선생님이라고 생각하며 무엇을 어떻게 출제할 것인지 생각하며 천천히 읽어 보세요. (4회독)

6. '읽은 내용을 기억해야지.'라고 생각하며 천천히 읽으세요. (5회독)

7. 책을 덮고 연습장에 읽은 내용을 최대한 자세하게 기억해서 적으세요. (표현하기 1)

8. 적은 내용과 책 내용을 비교해 보고 부족한 부분을 다른 색으로 보충해서 적으세요.

9. 적은 노트를 가지고 친구나 선생님에게 설명해 보세요. (표현하기 2)

> **Tip**
> 1회 읽을 때마다 잘하고 있음을 격려하고 칭찬해준다. 또 좀 더 천천히 생각하면서 읽을 것을 주문한다. 읽기 수업은 매회 일정 시간을 계속해서 습관으로 정착하는 것이 좋다.
> 3SR2E를 잘하는 학생은 5SR2E를 연습한다. 초등학생은 3SR2E만으로 충분하고, 중고등학생은 교과 내용이 어려워지고 공부할 분량이 많아지므로 5SR2E 연습이 필요하다.

3R3W_단원 읽기

읽을 단원 : (　　　)단원,　　　부터　　　까지

1. 종이 한 장을 준비합니다. 정해진 부분을 천천히 읽습니다. (1R)
   책을 덮고 무슨 내용이었는지 종이에 적습니다. (1W)

2. 중요한 내용에 밑줄을 그으면서 천천히 읽습니다. (2R)
   덮고 무슨 내용이었는지 종이에 적습니다. (2W)

3. 내일 선생님이 돼서 친구들을 가르친다는 생각으로 천천히 읽습니다. (3R)
   덮고 무슨 내용이었는지 종이에 적습니다. (3W)

Tip

3R3W는 3번 읽고(Reading) 3번 쓰는(Writing) 공부법이다. 교과서나 참고서를 읽고 내용을 기억해서 적어 보는 것만으로도 훌륭한 공부가 될 수 있다. 능력이 되는 학생은 한 장(chapter) 또는 한 단원 정도의 분량으로 시도한다. 읽기 훈련(3SR2E)이 충분히 진행된 학생을 대상으로 실행한다.

문장 만들기

• 뜻을 새로 알게 된 낱말을 이용하여 문장을 만들어 보세요.

번호	새로 알게 된 낱말	내가 만든 문장
1		
2		
3		
4		
5		
6		
7		
8		
9		

참고서 교과서에 옮겨 적기

● 국어 참고서에 있는 내용을 교과서에 옮겨 적어 보세요. 베껴 쓸 때는 천천히 다시 한번 읽으면서 옮겨 적으세요.

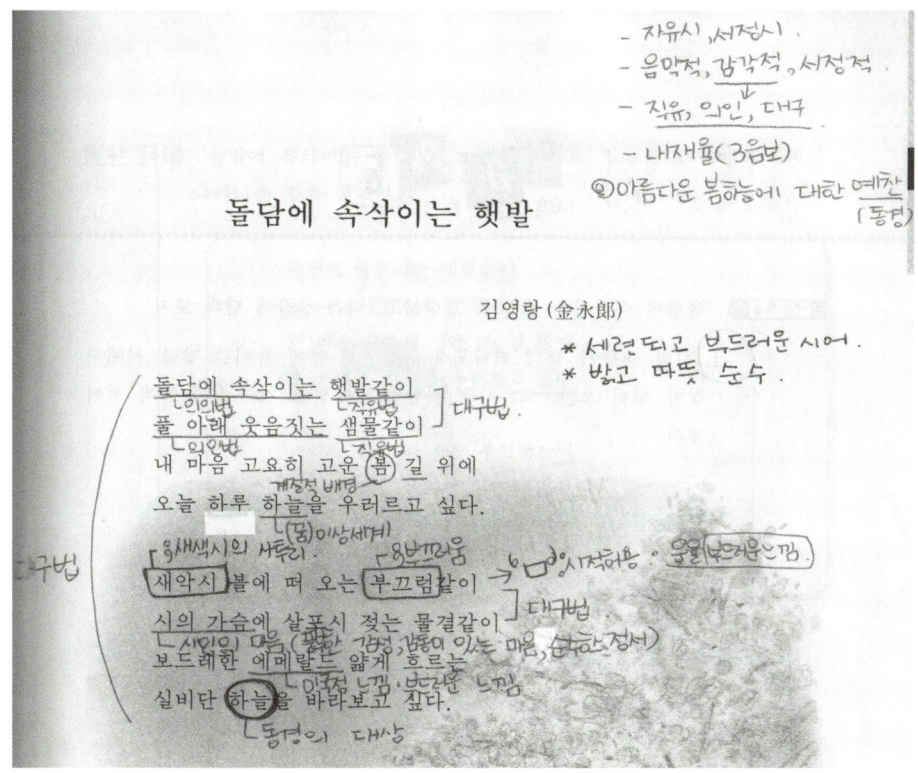

Tip
참고서 내용을 교과서에 옮겨 적고 수업에 임하게 되면 예습 효과가 있어서 수업에 집중도가 올라간다. 교과서에 적지 않은 내용을 선생님이 설명하면 그 내용은 다른 색깔로 적어서 구분한다.

그림으로 표현하기

● 교과서를 읽고 읽은 내용을 자유롭게 그림으로 표현해 보세요.
  (색칠을 할 수 있으면 색칠을 해 보세요. 만화 형태로 그려도 무방합니다.)

과목	
그린 사람(작가)	학년 반 이름 :
교과서 페이지	
그림 제목	
그림으로 표현한 교과서	
작가의 소개 글 (그림에 대한 설명)	

저자에게 편지 쓰기

● 국어 교과서의 저자에게 책을 읽고 나서 느낀 소감과 궁금한 내용을 바탕으로 편지를 써 보세요. (다 쓴 편지는 저자에게 우편이나 이메일로 발송한다.)

책의 제목	
저자(지은이)	
저자 프로필(약력)	
교과서 페이지	
저자에게 드리는 편지	

저자 인터뷰 계획서

● 읽은 책 중에서 인터뷰하고 싶은 저자 한 분을 정해서 인터뷰를 한 뒤 보고서를 작성해 보세요. 우선 인터뷰 계획서를 작성해 봅니다.

책의 제목	
저자(지은이)	
저자 프로필(약력)	
인터뷰 예정 일	
질문 요지 (질문 할 내용)	1. 2. 3. 4. 5. 6. 7. 8.
인터뷰 준비 및 진행 중 유의사항	
최종 보고서 작성 예정일	

서평 쓰기

- 책을 읽고 난 후 간단한 서평을 작성해 보세요.

	책의 제목	
	저자(지은이)	
서평 쓰기 전 활동	설명할 객관적 정보 & 인용할 내용	
	나의 감상 (평가)	
서평 쓰기		

토론 계획 세우기

● 책을 읽고 난 후 책의 내용을 짝과 토론해 보세요.

책의 제목	
저자(지은이)	
토론할 부분 (읽은 범위)	
친구에게 설명하고(알려주고) 싶은 내용 & 설명하고 싶은 이유	
친구와 토론하고 싶은 주제	1. 2. 3. 4. 5. 6. 7. 8.
친구와 합의한 토론 주제	

도전! 낱말 퍼즐

- 교과서를 읽고, 읽은 내용을 바탕으로 낱말 퀴즈를 만들어 보세요.

〈가로 열쇠〉

〈세로 열쇠〉

공부 습관과 망각

❶ 공부 습관과 복습

연습을 하루 쉬면 내가 알고, 이틀 쉬면 캐디가 알고, 사흘 쉬면 갤러리가 안다. - 윌리엄 벤저민 호건

❷ 망각, 공부 최대의 적

에빙하우스의 망각 곡선에 따르면 학습을 완료한 시점에 정보의 양을 100%라고 했을 때 20분 후에는 58.2%, 9시간 뒤에는 35.8%, 6일 후에는 25.4%만이 기억 속에 남는다고 한다. 이 사실을 생각해 본다면 학교에서 수업 듣는 것만을 공부했다고 생각하는 것이 얼마나 어리석은 생각인지 짐작할 수 있다.

열심히 공부했다고 생각했는데 뒤돌아서면 무슨 과목을 공부했는지조차 잘 생각이 안 나는 경우도 많다. 그러니 공부를 하고 나서 '야, 공부 다 했다!'라고 외치는 것이 얼마나 엄청난 큰 착각이란 말인가.

그렇다면 망각을 극복할 방법은 무엇이 있을까?

• 수업 시간에 집중하라.

수업 시간에 선생님 말씀 중에서 중요하다고 생각하는 것에 별표(★), 이해가 잘 안 되는 것은 물음표(?)를 한다. 그리고 수업 시간에도 암기하려고 노력한다. 수업이 끝났을 때 기억하는 것이 하나도 없다면 공부를 하지 않은 것이라고 보면 된다.

- 주기적으로 반복하라.

최초의 복습을 빨리 할수록 우리가 공부하는 데 들이는 노력은 줄어든다. 그러므로 당연히 수업이 끝나자마자 곧바로 복습하는 것이 중요하다.

- 복습은 나눠서 하라.

다음에 나오는 에빙하우스의 실험은 반복의 필요성에 대해서 알려준다.

실험 1 생소한 단어 100개를 외우는 데 걸리는 시간을 측정했을 때

- 한 자리에서 단어를 모두 외우려고 했을 경우
  → 총 68번의 반복 필요.
- 3일에 걸쳐 나눠서 반복했을 경우
  → 하루 13회씩 총 38회의 반복 필요.

실험 2 A, B 두 그룹으로 나누어 단어 20개를 외우게 했을 때
(A그룹은 단어 20개를 하루에 30분 동안 외우게 하고 B그룹은 같은 단어 20개를 3일에 걸쳐 매일 10분씩 외우게 하였다.)

- 결과는 B그룹이 20% 점수가 높게 나왔다.

이 실험들을 보면 하루에 한꺼번에 공부하는 것보다 3일로 나누어 하게 되면 들어가는 노력의 양이 절반으로 줄어든다는 것을 알 수 있다. 이처럼 공부는 주기적인 반복으로 해야 한다. 하루에 다 공부하려는 것은 무모한 것이며 힘만 들 뿐이다.
그렇다면 얼마만큼의 주기로 반복하는 것이 좋을까? 첫 복습은 빠를수록 좋지만 다음 복습은 서둘러 하면 효과가 떨어진다. 다시 말하면 수업 시간에 배운 내용을 그날 3번 걸쳐 복습하는 것보다 일주일에 걸쳐 배운 날, 다음 달, 일주일 뒤로 나누어 3번 하는 것이 더 낫다.

질문

- 지금까지 나는 어떤 방식으로 수업에 집중해 왔습니까?

- 나의 복습 방법은 위 실험과 비교해 봤을 때 어떤 차이점이 있나요?

교과서 읽고 빈칸 채우기

다음 교과서를 천천히 읽으세요. 내가 선생님이 돼서 ( ) 넣기 시험 문제를 출제한다면 어디에 표시할지 생각하면서 읽으세요.

> • 백제의 성장 과정은?
>   - 백제의 건국
>
> 백제는 북쪽에서 내려온 유이민들이 한강 유역의 위례성에 자리잡으면서 마한의 한 나라인 백제국으로부터 시작되었다(기원전 18). 한강 유역은 일찍부터 철기 문화와 농경 문화가 크게 발달한데다 바다를 통해 중국의 선진 문화를 받아들이기 좋은 곳이기 때문에 나라가 빨리 발전하였다.
> 백제의 건국 설화를 보면, 백제 건국을 주도한 세력이 고구려계의 유이민이었음을 알 수 있다. 백제 왕실이 부여씨를 칭한 것이나, 서울 석촌동의 돌무지무덤이 압록강 유역의 고구려 무덤과 관련이 있는 것은 이러한 사실을 뒷받침해 준다.

● 다음 교과서의 빈칸을 채우세요.

> • 백제의 성장 과정은?
>   - 백제의 건국
>
> 백제는 북쪽에서 내려온 유이민들이 한강 유역의 (①)에 자리잡으면서 (②)의 한 나라인 백제국으로부터 시작되었다(기원전 18). 한강 유역은 일찍부터 (③) 문화와 (④) 문화가 크게 발달한데다 바다를 통해 중국의 선진 문화를 받아들이기 좋은 곳이기 때문에 나라가 빨리 발전하였다.
> 백제의 건국 설화를 보면, 백제 건국을 주도한 세력이 (⑤)계의 유이민이었음을 알 수 있다. 백제 왕실이 (⑥)씨를 칭한 것이나, 서울 석촌동의 돌무지무덤이 (⑦) 유역의 고구려 무덤과 관련이 있는 것은 이러한 사실을 뒷받침해 준다.

Tip

교과서를 읽을 때 집중할 수 있도록 지도하는 프로그램이다. 수업이라면 정해진 같은 페이지를 읽고 빈칸 채우기를 게임처럼 할 수도 있다. 또 혼자서 공부할 경우 책을 한 권 더 구하거나 복사해서 빈칸을 만들어 읽어 나간다면 집중력을 기르고 이해력과 분석력을 기를 수 있으며 암기 능력이 향상된다.

수업 되살리기

NAME: CLASS:

오늘 수업 시간에 배운 과목 중 한 과목을 정해서 기억나는 대로 적어 보세요.
(잘 생각이 나지 않으면 눈을 감고 수업 시간으로 돌아가 보세요.)

과 목

동영상 수업 되살리기

NAME: CLASS:

동영상 강의를 통해 배운 과목 중 한 과목을 정해서 기억나는 대로 최대한 많이 적어보세요.

과목 :

선생님처럼 설명하기

NAME: CLASS:

친구에게 한 과목 내용을 선생님처럼 설명해 보세요. 먼저 설명할 내용을 메모하고, 메모가 끝나면 선생님이 돼서 가르쳐 보세요.

과목 :
설명할 개념(내용 정리) :

아는 것과 모르는 것 구분해서 읽기

NAME: CLASS:

교재를 읽으면서 모르는 부분을 표시하세요.

- 모르는 내용은 무엇이었나요?
  - 단어, 개념, 어휘, 사실 등 모르는 내용을 모두 적어 보세요.
  - 책을 읽다가 궁금한 내용도 적어 보세요.

- 모르는 내용과 궁금한 것들을 어떤 방법으로 알아볼 계획인가요?

영어 교과서 백독백습

세종 대왕의 '백독백습'을 실천해 봅시다. 본문을 먼저 읽은 다음 교과서 내용을 천천히 옮겨 적어 보세요. (　)회 째.

> 〈10과〉 Reach for the Sky
>
> Before You Read
> Is there such a thing as "a man's job" or "a woman's job."? If so, is an architect a man's job or a woman's job? Read this story written by a famous architect, Kim Williams.
>
> Have you ever looked at a building and thought, "I wish I could design a building like that"? That's how I used to feel. In the 1960s, when I was young, I lived in Houston Texas. As I grew up, the city grew up too. The most exciting changes were those you could see on the skyline. One skyscraper after another went up. To me, those buildings did scrape the sky and I had a dream as big and tall as one of the skyscrapers. I wanted to be an architect! I knew I should be able to draw well in order to become an architect. In high school, I took a class called drafting. I was the only girl in the class and people used to make fun of me. But I knew what I wanted to do, so I didn't mind the jokes. When I was in the first year of high school, I found my first summer job with an engineering company. I worked in the drafting room with sixty men when we built the famous Trans-Alaska pipeline that summer. I learned how to design a building and what it is like to work on a team. While working there for the next five summers, I studied at the University of Texas to become an architect. Not all of my classes were easy. Very often

> **Tip**
>
> 문법, 철자, 관사, 접속사, 단어 문제 등 학생들이 마주하는 많은 문제점을 극복할 수 있는 방법이다. 하루에 1과를 1번씩 쓰는데 10~15분이 소요되며, 20일간 1과를 매일 쓰면 20회를 베껴 쓰게 된다. 베껴 쓰면서 영어 어순에 익숙해지는 것이 중요하다. 학교 진도에 맞춰 진행하되 익숙해지면 예습으로 진행한다. 책 읽기가 안 되는 학생은 먼저 여러 번 읽고 발음에 익숙해져야 한다.

영어 교과서 제대로 읽기

영어 교과서 읽을 과(Lesson):   과

1. 읽을 과의 본문을 동영상이나 MP3 파일을 통해 들으며 잘 읽을 수 있도록 듣기를 합니다.

2. 발음이 헷갈리는 단어는 (인터넷) 사전을 통해 발음을 확인하세요.

3. 여러 번 듣기 연습을 한 뒤 정해진 페이지를 천천히 소리 내어 읽으세요.

4. 다시 처음부터 읽습니다. 발음에 유의하면서 다시 천천히 읽으세요.
   일단 내용보다는 잘 읽을 수 있도록 발음에만 신경 쓰며 소리 내어 여러 번 읽습니다.

5. 잘 읽어지나요? 이번에는 단어의 뜻을 생각하면서 속으로 천천히 읽으세요.
   읽다가 낱말 뜻을 모르는 단어를 사전이나 참고서를 통해 찾아보세요.

6. 모르는 단어를 노트에 정리하세요.

8. 다시 단어의 뜻을 생각하면서 천천히 읽습니다. 단어 뜻이 생각나지 않으면 노트나 참고서를 보면서 읽어 나가도 무방합니다.

9. 다 읽으셨나요? 자 이제 오늘 읽은 부분을 노트에 옮겨 적어 보세요.

Tip
총 5회 이상 교과서를 읽게 된다. 중하위권 학생들은 학교 수업 시간 말고는 교과서를 거의 읽지 않으므로, 천천히 제대로 여러 번 읽는 훈련이 필요하다.

도전! 영어 단어 퍼즐

교과서에 나오는 영어 단어로 퍼즐을 만들어 보세요.

Lesson	
교과서 페이지	

〈가로 열쇠〉

〈세로 열쇠〉

영어 단어 그림 퀴즈

교과서에 나오는 영어 단어를 그림으로 그려서 친구와 함께 풀어보세요.

Lesson	
교과서 페이지	
영어 단어	그림으로 표현하는 영어 단어
	그림

신나는 영어 교과서 ( ) 채우기 게임

교과서 본문을 여러 번 읽었습니다. 이제 교과서에 나오는 접속사(또는 전치사, 관사, 관계대명사 등)를 빈칸으로 표시하고 친구가 문제를 풀어보도록 해 보세요.

Titicaca is a lake in Peru. Uros people live on about 50 islands in the lake. These islands are very special. They are movable. There are many reeds in the lake, and Uros people make their islands with these reeds. They also make their houses and boats with reeds. Uros people began to live this way because they could protect themselves easily from enemies. When an enemy came, they could move the islands to a safer place.

〈중2, 두산동아 5과〉

Titicaca is a lake (   ) Peru. Uros people live (   ) about 50 islands (   ) the lake. These islands are very special. They are movable. There are many reeds (   ) the lake, and Uros people make their islands (   ) these reeds. They also make their houses and boats (   ) reeds. Uros people began (   ) live this way because they could protect themselves easily from enemies. When an enemy came, they could move the islands to a safer place.

Tip

교과서를 읽는 데 좀 더 집중할 수 있도록 흥미를 불러일으키는 방법이다. 처음에는 전치사만 한다거나 접속사만 한다거나 해서 처음부터 너무 어려움을 느끼지 않게 한다. 친구들끼리 서로 문제를 내고 바꿔서 채점을 해본다면 수업에 참여도와 집중도가 높아질 것이다. 이 방법은 혼자서도 할 수 있다. 시간을 절약하기 위해 단어를 지운 복사본을 미리 준비하는 것도 좋다. 또 아이들에게 미리 집에서 프린트를 해올 수 있도록 숙제를 내주는 것도 좋은 방법이다.

신나는 영어 교과서 주어 동사 수 일치

교과서 본문을 여러 번 읽었습니다. 교과서에서 주어와 동사의 수를 일치시키는 것이 어법의 기본입니다. 주어진 문장에서 주어 동사의 수가 일치되도록 바르게 적어 보세요.

원문

He painted toys for poor children, and he painted food for hungry people. Soon, the greedy emperor heard about Ma Liang and his magic paintbrush. "Bring Ma Liang to me," said the emperor to his soldiers. The emperor's soldiers brought Ma Liang to the palace.

"Paint me a gold tree," said the emperor to Ma Liang. Ma Liang began to paint. He painted many waves, and soon the emperor saw a sea before him.

"This is not a gold tree," the emperor said angrily. But Ma Liang kept painting. In the sea he painted an island, and on that island he painted a gold tree. "Yes, yes, that's it. Now, paint a boat for me," said the emperor. Ma Liang painted a boat, and the emperor got on it.

〈중2, 두산동아 Lesson3〉

문제 주어진 문장의 동사를 어법에 맞게 고쳐 쓰세요.

He **paint** toys for poor children, and he **paint** food for hungry people. Soon, the greedy emperor **hear** about Ma Liang and his magic paintbrush. "Bring Ma Liang to me," **say** the emperor to his soldiers. The emperor's soldiers **bring** Ma Liang to the palace.

"Paint me a gold tree," **say** the emperor to Ma Liang. Ma Liang began to **paint**. He paint many waves, and soon the emperor **see** a sea before him.

"This is not a gold tree," the emperor **say** angrily. But Ma Liang **keep** painting. In the sea he **paint** an island, and on that island he **paint** a gold tree. "Yes, yes, that's it. Now, paint a boat for me," **say** the emperor. Ma Liang **paint** a boat, and the emperor **get** on it.

> **Tip**
>
> 중학교 1학년 학생이 매 과를 이런 식으로 공부한다면 어법 공부가 절반은 이뤄졌다고 할 수 있다. 아직 기초가 부족한 2, 3학년 학생들도 꾸준하게 한다면 기초 실력이 향상됨을 느낄 것이다.
>
> • 방법: 본문의 동사를 원형으로 모두 바꾸어서 출제한다.
>   예 lived ➜ live, left ➜ leave, saw ➜ see

영어 교과서 해석해서 적어 보기

교과서 본문을 해석해 보세요.

Wilma Rudolph was born on June 23, 1940, in America.
She grew up in a poor family.
Wilma had a big family.
She was the twentieth of twenty-two children.
When Wilma was four years old, she got polio, so she couldn't walk.
Wilma and her family did not give up hope.
Several times a week, Wilma went to a hospital for African Americans with her mother.
The hospital was about 50 miles away from her home, but Wilma and her mother went to the hospital for several years.
Every night, Wilma's mother massaged her legs, and her brothers and sisters also massaged them four times a day.
Wilma tried hard to be able to walk again.

〈중2, 두산동아 Lesson1〉

해석이 끝난 뒤 참고서를 보고 자신이 쓴 내용을 비교해 볼 수 있도록 한다. 평소에 훈련이 되면 혼자서도 할 수 있다. 해석은 직역이나 의역 모두 상관없으며 참고서와 똑같지 않아도 됨을 미리 알려준다.

수학 교과서 제대로 읽기

오늘(또는 어제) 수업 시간에 배운 내용을 펴세요. 교과서를 제대로 읽어야 개념을 정확하게 이해할 수 있습니다.

1. 해당 페이지를 폅니다. 교과서를 천천히 읽으면서 개념과 정의에 해당하는 부분에 밑줄을 그어 보세요.

2. 천천히 읽으면서 이해가 되지 않으면 그 부분을 여러 번 반복해서 읽으세요.

3. 당연하다고 적힌 내용도 '왜 그런가' 하고 의문을 품고 읽어 보세요.
   예) 정의역과 공역이 실수 전체의 집합인 함수 $y=f(x)$가 x에 관한 이차식 $y=ax^2+bx+c(a,b,c$는 상수, $a≠0)$로 나타내어 질 때 y를 x에 관한 이차함수라고 한다는 문장을 읽고 왜 $a≠0$인가를 생각해 본다.

4. 모르는 낱말에 밑줄을 긋고 사전을 찾아서 그 뜻을 적어 보세요.

5. 다 읽으셨나요? 이제 처음부터 다시 느리게, 생각하면서 천천히 읽어 보세요.

6. 궁금하거나 의문이 나는 것은 메모하면서 읽으세요. 궁금한 내용 중 지금 찾아서 이해할 수 있는 것들은 바로 찾아보고 이해하기 바랍니다.

7. 다 읽으셨나요? 천천히 머릿속으로 읽은 내용을 떠올려 보세요.

8. '자, 이제 내가 선생님이라면 어떻게 설명해 줄까?' 하는 생각을 하면서 천천히 읽으세요.

9. 다 읽었으면 읽은 내용을 노트에 정리해 보세요.

10. 정리한 내용을 발표해 보세요.

> **Tip**
> 9번까지만 하고 10번은 생략할 수도 있다. 하지만 혼자서라도 꼭 설명해 보는 것이 좋다. 공부가 완성되는 지점이기 때문이다.

수학 문장제 문제를 풀기 위한 문제 분석

수학 문제를 풀 때는 계산도 중요하지만 문제를 잘 분석하는 것이 중요합니다. 주어진 문제를 천천히 읽고 문제 해결을 위해 필요한 것들이 무엇인지 생각해 보세요.

1. 문제를 읽으세요.

2. 문제에서 '구하라고 하는 것'이 무엇인지 쓰세요.

3. 문제에서 제시한 내용은 무엇인가요?

4. 문제에서 제시한 내용만으로도 충분히 문제를 풀 수 있습니다.

5. 문제에서 제시한 정보를 가지고 만들 수 있는 새로운 정보는 무엇이 있나요?
   ▶ 직접적인 조건은 아니지만 새롭게 만들어진 정보도 문제 해결을 위한 좋은 자료가 될 수 있음.

6. 주어진 조건들을 이용하여 '구하라고 하는 것'을 구해 보세요.

7. 풀이 과정과 답을 서로 비교해 보세요.

Tip

문제를 잘 읽고 문제에서 요구하는 것이 무엇인지 분석하는 것이 중요하다. 문제에서는 필요 없는 조건이나 설명이 없으므로 왜 이런 조건과 설명이 들어 있으며, 문제에서 궁극적으로 해결하라고 하는 내용이 무엇인지 아는 것이 중요하다. 문제의 답이 맞았는지 안 맞았는지에 초점을 맞추지 말고 문제를 분석하고 해석하는 데 주력한다. 서로 생각의 과정이 어떻게 다른지 비교해 보는 것도 좋다. 생각하는 힘이나 문장 분석 능력이 부족한 학생은 풀이보다는 일단 5번까지 연습하고 훈련한다.

수업 지도안 만들기

선생님이 되어서 친구들을 가르칠 계획입니다. 어떤 식으로 수업을 진행할 것인지 계획을 세워 보세요.

과목	
담당 교사	학년 반 이름 :
주제	
교과서 페이지	
수업목표	
학생들이 꼭 알아야 할 내용	
활동지에 들어갈 내용	
토론 계획	
수업 진행 시나리오	
마무리 계획	

동영상 강의안 만들기

선생님이 되어서 친구들을 가르치기 위해 수업 동영상을 제작하려고 합니다. 동영상 제작 전에 시나리오를 작성해 보세요.

▶동영상은 5분 이상 ~15분 이내로 제작하기

과목	
담당 교사	학년 반 이름 :
주제	
교과서 페이지	
강의 내용	
도입	
중간 (본론)	
마무리	
참고할 자료 목록	
예상 소요 시간	

UCC 제작 기획서

학습한 내용을 바탕으로 UCC를 제작하려고 합니다. 먼저 기획서를 작성해 보세요.

과목	
학습 범위	
제목	
주제	
기획 의도	
촬영 일정 및 장소	
역할 분담	
기대 효과	
전체 줄거리	

내 손으로 자습서 만들기

친구와 후배들이 교과서로 공부할 때 필요한 자습서를 만들려고 합니다. 어떻게 해야 할까요?

과목	
학습 범위	
자습서 제목	
참여 집필진	
검토위원(감수)	
역할 분담	
참고 문헌 (자료)	
집필 계획	

문제 해결 프로젝트

우리 주변에는 해결해야 할 중요한 문제들이 많이 있습니다. 어떻게 하면 문제를 해결할 수 있을까요?

해결할 주제(문제)	
프로젝트 참가자	
프로젝트 진행 순서 (활동 계획)	1. 2. 3. 4. 5. 6. 7. 8. 9. 10.
준비 및 진행 중 유의 사항	

교과서 읽고 플래시 카드 만들기

교과서를 읽고 아래의 예를 참고하여 플래시 카드를 만들어 보세요. 앞에는 문제, 뒤에는 답이 있는 학습 카드를 플래시 카드라고 합니다. 앞면에는 개념(정의)을, 뒷면에는 풀이나 해석을 적어 보세요. 카드가 많이 만들어지면 카드의 한쪽 면을 보면서 다른 쪽의 내용을 짐작해 본 다음 확인해 보세요. 그러면 효과적인 학습이 이뤄집니다.

예 수학 공식 플래시 카드

앞면	뒷면
피타고라스의 정리	직각삼각형에서 직각을 낀 두 변의 길이를 각각 a, b라 하고, 빗변의 길이를 c라 하면 $a^2+b^2=c^2$이 성립한다. 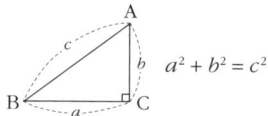

예 역사 중요 내용 플래시 카드

앞면	뒷면
대동법 실시 배경	1. 방납의 폐단 증가 2. 도망 농민의 증가 3. 정부의 재정 악화

Tip

학생은 학습 카드를 작성하는 과정을 통해 교재나 학습 자료에서 공부할 가치가 있는 내용을 찾는 법을 배우게 된다. 학습 카드를 만드는 과정에서 스스로 공부하는 법을 더 잘 배우게 된다. 작성한 카드를 모아서 시간 날 때마다 확인하면 힘들이지 않고도 공부할 수 있다.

꿈을 이루는 공부 습관 만들기

NAME: CLASS:

- 내가 공부하는 데 도움이 되고 계속 실천하면 좋은 습관은 무엇이 있을까요?

1.

2.

3.

4.

5.

6.

7.

8.

9.

**자기주도학습
코칭 프로그램**

나의 하루 되돌아보기
나의 시간 사용 돌아보기
우선순위 정하기 1
우선순위 정하기 2
우선순위 정하기 연습
시간 관리의 달인
매일 적는 공부 일지
자기 경영 일지
꿈을 이루는 주간 성찰 일지
집중하고 싶은 나
몰입과 집중력
집중력 연습하기
집중력 길러주는 수학 문제 풀기
몰입 노트 작성하기

시간 관리와
몰입 공부법

PART 4. 시간 관리와 몰입 공부법

    Part 4는 '시간 관리와 몰입 공부법'에 관한 내용이다. 한정된 시간을 어떻게 효율적으로 사용하느냐는 공부의 양과 질을 결정하는 중요한 요소이다. 집중하지 못하는 공부는 아무리 오래 공부를 한들 효과가 없다. 따라서 아이들은 공부에 집중하고 몰입하는 법을 배우고 훈련해야 한다.

    목표를 이루기 위해서 긍정적인 마음으로 행동을 하는 것이 중요하다. 하지만 그와 더불어 필요한 것들이 있는데, 바로 하루라는 시간을 잘 관리하는 것이다. 목표가 있는 사람은 시간 관리부터가 다르다. 목표를 이루기 위해서는 반드시 그에 맞는 대가를 치러야 하는데 그 대가를 치르는 방법은 시간을 효율적으로 관리하는 것이다. 공부를 잘하는 학생과 그렇지 못한 학생의 차이점은 바로 시간을 쓰는 방법과 효율 면에서 많은 차이가 난다는 것이다. 우등생일수록 시간을 아끼는 데 최선을 다한다. 그러니 시간이 지날수록 성적의 차이가 생길 수밖에 없을 것이다.

성공학에서도 한가한 사람에게 무엇을 부탁하지 말라는 말이 있다. 바쁜 사람에게 부탁해야 그 일을 해낼 수 있다는 것이다. 왠지 한가한 사람이 시간이 많으니까 그 일을 잘 해낼 것만 같은데 시간을 한가하게 보내는 사람은 그 습관 때문에 새로운 일을 맡겨도 오히려 잘 해내지 못하는 것이다. 반대로 바쁜 사람은 그 와중에도 시간을 아껴 쓰기 때문에 다른 일을 맡겨도 자투리 시간을 활용하여 그 일을 해내게 된다. 그러니 시간을 아껴 쓰는 것은 단순히 공부를 잘하기 위해서 만이 아니라 성공하는 인생을 위해서도 반드시 익혀야 할 중요한 습관이다.

우리가 무언가 목표를 세우고 노력을 한다는 것은 거기에 나의 시간을 바친다는 의미이다. 그러므로 시간은 내 몸의 혈액과 같다. 누군가 나에게 돈을 빌려 달라고 하면 누구나 주저하게 될 것이다. 잘못하면 돌려받지 못할까 봐 조심하게 된다. 그런데 누군가 나에게 시간을 빌려 달라고 하면 주저 없이 빌려 주는 학생들을 보곤 한다. 친구들과 노래방을 가고 PC방을 가고, 친구들을 기다리느라 30분, 1시간을 그냥 보내기도 하고, 무엇을 하며 놀 것인지를 논의하느라 또 시간을 보내고 심지어는 그러다 그냥 집으로 돌아오는 경우도 있다. 그랬을 때 기분이 어땠는지를 묻자 "허탈해요.", "다음부터는 만나지 말아야겠다고 생각했어요." 등의 다양한 대답이 나왔다. 어떤 대답이든지 만족하고 기분이 좋았다는 대답은 없었다. 그런데도 의외로 많은 학생이 같은 실수를 반복하고 있는 것을 볼 때면 안타까운 생각이 든다. 그래서 나는 코칭하는 학생들에게 '학습 일지'를 써 보라고 권하기도 한다.

학습 일지는 하루에 공부한 시간과 논 시간까지 그대로 일지에 적는 것이다. 최대한 자세하게 매일매일 적다 보면 자신이 '공부를 많이 한 것 같은데도 왜 성적이 오르지 않을까.' 하고 생각했던 것이 얼마나 잘못된 생각이었는지를 알게 된다. 실제로 공부한 시간을 계산해 보면 생각했던 것보다 많이 나오지 않기 때문에 적는 사람도 적잖이 놀라게 된다.

시간 관리에서 중요한 것은 계획을 세우는 것이지만 많은 학생이 시간 계획을 잘 세우지 못하는 것은 자신이 어떻게 시간을 보내고 있는지 객관적으로 보지 못해서 그렇다. 부모는 자녀의 시간 관리가 허술한 것이 눈에 보이기 때문에 잔소리를 하고 야단을 치게 되지만 정작 학생 자신은 그것을 느끼지 못하기 때문에 그저 잔소리로만 들리고 이에 반항심을 갖게 되는 것이다. 그러니 일단 자신이 하루에 어느 정도 시간을 낭비하는지, 절약할 부분은 없는지 확인해 본다면 좀 더 효율적인 시간 관리를 할 수 있을 것이다. 마치 가계부를 써 봐야 어디서 돈이 새 나가는지를 발견하고 절약할 수 있는 이치와 같다. 하지만 가계부를 쓰려다 작심 3일로 끝나는 경우가 많다. 그만큼 가계부를 작성한다는 것은 습관이 되기 전까지 매우 힘든 일이다. 하지만 습관이 되면 돈을 사용하는 방법을 자신에게 알려준다. 학습 일지나 성찰 일지도 마찬가지다. 꾸준하게 작성하다 보면 저절로 자신의 문제가 보이고 스스로 고치려고 노력하게 된다. 자기 조절 능력을 갖추게 되는 것이다.

공부 때문에 괴로움을 겪는 학생들이 많다. 다들 공부를 잘하고 싶은데 뜻대로 되지 않아 힘들기만 하다. 학생들의 호소를 들으면 어른들은 "네가 공부하지 않아서 그런 거지. 열심히 하면 왜 성적이 오르지 않겠니?"라고 답할 것이다. 학생이 공부하는 시간보다는 딴짓하거나 공부에 집중하지 못하고 있는 것으로 보이니 당연한 일이다.

그런데 학생과 어른의 진단이 조금 다른 것 같지만 사실 공통점이 있다. 바로 집중이 되지 않아 공부하는 시간이 힘들고, 공부를 끝내도 재미가 없고 보람을 느끼지 못한다는 것이다. 공부 자체에 몰입하지 못하기 때문에 뭘 해야 할지 모르겠고, 뭐가 문제인지도 모르는 것이다. 열심히 하고, 공부 시간을 늘리면 공부가 재미있고 성적도 오를 것 같은데 역시 마음처럼 되지 않는다.

상담을 하게 되면 부모들은 "우리 아이가 공부 방법을 잘 모르는 것 같아요.", "동기가 없어서 공부를 못하는 거 같아요."라고 얘기하는 경우가 많지만, 현장에서 아이들을 만나보면 가장 주된 문제는 역시 공부 자체에 집중하지 못하는 집중력의 문제가 가장 컸다. 학생들에게 가장 좋은 학습 동기는 공부의 꿀맛을 느끼게 하는 몰입 체험이다. 몰입은 집중에 집중을 더하여 그 상태가 시간과 함께 흘러가는 것이다. 독서를 하다가 책에 푹 빠져 시간 가는 줄 몰랐다거나, 수학 문제를 풀기 위해 애쓰다 가까스로 풀어냈을 때의 기쁨은 모두 작은 몰입의 체험이다. 이러한 몰입의 체험은 자신감과 용기를 길러주고 새로운 문제에 도전하거나 흥미 있는 분야에 집중하도록 이끌어준다. 공부의 집중도를 올려 몰입의 경지까지 들어가게 되면 공부 자체가 생활이 되므로 공부가 그렇게 힘들지도 않고 괴롭지도 않다. 하지만 그런 경계를 체험하기 위해서는 일정한 과정을 겪어야만 한다.

학생들이 공부할 때 몰입을 체험하고 공부에 집중하는 시간을 늘리고 경험하는 데 주안점을 둔다면 시나브로 학습 동기는 강화되고 성취감도 높아져 몰입도는 더욱 높아지게 될 것이다. 억지로 하는 공부는 오래 할 수 없다. 몸에 배어 자연스럽게 이뤄질 때 오래 갈 수 있다. 공부도 물처럼 자연스럽게 흘러가야 한다.

시중에 학습에 관한 책이 많이 있지만, 공부에서 가장 중요한 집중과 몰입에 대해서는 여러 가지 공부 방법 중 하나라는 식으로 잠깐 언급하고 마는 것은 문제라고 생각한다. 공부를 잘하는 학생들도 공부법에 대해 인터뷰를 하면 예습 복습 위주로 했다거나 교과서 중심으로 했다는 얘기를 하지만, 정작 자신이 공부에 있어서 몰입과 집중이 돼서 공부를 잘하게 되었다는 것은 자신들도 모르기 때문에 얘기하지 않는 경우를 볼 수 있었다. 따라서 다음에 제시하는 몰입법을 잘 훈련하여 몰입의 즐거움을 느낄 수 있도록 이끌어주자.

나의 하루 되돌아보기

하루에 무엇을 하며 보냈는지 자세하게 내용을 적어 보세요. 그러고 나서 다음 페이지에 나오는 표에 제시한 대로 색깔을 칠해 보세요.

시간	내용
06:00	
07:00	
08:00	
09:00	
10:00	
11:00	
12:00	
13:00	
14:00	
15:00	
16:00	
17:00	
18:00	
19:00	
20:00	
21:00	
22:00	
23:00	
24:00	
01:00	

도움이 되고 생산적으로 값지게 보낸 시간은 녹색, 쓸데없이 보낸 소모적인 시간은 빨간색, 휴식과 이동 또는 집안일을 돕거나 청소, 친척 방문 등 일상적인 활동에 보낸 시간은 노란색을 칠해 보세요.

시간	내용
06:00	
07:00	
08:00	
09:00	
10:00	
11:00	
12:00	
13:00	
14:00	
15:00	
16:00	
17:00	
18:00	
19:00	
20:00	
21:00	
22:00	
23:00	
24:00	
01:00	

활동
- 각자 칠해진 색깔의 숫자를 발표해 봅시다.
- 자신의 시간 관리에서 잘못된 부분이나 고쳐야 할 부분이 있다면 무엇인지도 이야기해 봅시다.

나의 시간 사용 돌아보기

● 나의 평소 시간 사용을 되돌아보았을 때 보람되거나 후회되는 일은 무엇입니까?

무의미하고 후회되는 일	
후회되거나 무의미하게 느껴지는 일	그렇게 느끼는 이유는?

보람되고 뿌듯하게 느껴지는 일	
보람되거나 의미 있게 느껴져 뿌듯한 일	그렇게 느끼는 이유는?

우선순위 정하기 1

어떤 시간 관리 전문가에 관한 이야기입니다.

하루는 시간 관리 전문가가 대학생들에게 강의를 하면서, 자신의 주장을 명확하게 전달하기 위해 구체적인 예를 들어 설명을 했습니다. 학생들 앞에 선 전문가가 말했습니다.

"자, 여러분. 퀴즈를 하나 풀어봅시다."

그는 테이블 밑에서 커다란 항아리를 하나 꺼내더니 테이블 위에 올려놓았습니다. 그리고 주먹만 한 큰 돌을 꺼내 항아리 속에 하나씩 넣기 시작했습니다. 항아리에 돌이 가득 차자 그는 물었습니다.

"여러분, 이 항아리가 가득 찼습니까?"

그러자 모든 학생들이 똑같이 "네"라고 대답했습니다.

하지만 그는 "정말요?" 하고 되묻더니, 다시 테이블 밑에서 조그마한 자갈을 한 움큼 꺼내 들었습니다. 그리고는 항아리에 집어넣고 자갈이 깊숙이 들어갈 수 있도록 항아리를 흔들었습니다. 주먹만 한 돌 사이에 조그만 자갈이 가득 차자, 그는 다시 물었습니다.

"자, 이제 항아리가 가득 찼습니까?"

이번에는 학생들이 "글쎄요."라고 대답했고, 그는 "좋아요." 하더니 다시 테이블 밑에서 모래주머니를 꺼냈습니다. 모래를 항아리에 넣어, 주먹만 한 돌과 자갈 사이의 빈틈을 가득 채운 후 다시 물었습니다.

"이 항아리가 가득 찼습니까?"

학생들은 "아니요."라고 대답했고, 그는 "맞습니다."라면서 물을 한 주전자 꺼내서 항아리에 부었습니다. 그리고는 학생들에게 물었습니다.

"이 실험의 의미가 무엇일까요?"

한 학생이 즉각 손을 들어 대답했습니다.

"당신이 매우 바빠서 스케줄이 가득 찼더라도, 정말 노력한다면 새로운 일을 그 사이에 추가할 수 있다는 것입니다."

"아닙니다."

시간 관리 전문가는 부인했습니다.

그리고 말을 이었습니다.

"그것이 요점이 아닙니다. 이 실험이 우리에게 주는 의미는, '만약 당신이 큰 돌을 먼저 넣지 않는다면, 영원히 큰 돌을 넣지 못할 것이다.'라는 것입니다."

> **질문**
>
> 1. 계획을 세우지 않아 시간이 더 오래 걸린 경우가 있다면 말해 보세요.
>
>
>
> 2. 모든 일에는 우선순위가 있습니다. 우선으로 하는 일의 기준은 무엇입니까?
>
>
>
> 3. 공부할 때 계획을 세우는 것과 세우지 않는 것에는 어떤 결과의 차이가 있을까요?

우선순위 정하기 2

모든 일에는 순서가 있기 마련입니다. 먼저 할 일과 나중 할 일을 안다면 자신의 일에 달인이 될 수 있습니다. 특히 할 일은 많고 시간은 한정되어 있을 때 일의 순서를 정하지 않으면 중요한 일을 놓치게 됩니다. '우선순위 정하기'를 하면 이러한 문제를 해결할 수 있습니다. 우선순위의 기준을 정해 보세요.

중요한 일이란?	
급한 일이란?	

시간 관리 매트릭스		
구분	이 일은 긴급한 것인가?	
	Yes	No
이 일은 중요한 것인가? / YES		
이 일은 중요한 것인가? / NO		
내가 일주일 동안 한 일을 생각해 보고 해당하는 내용을 적어 보자.		

우선순위 정하기 연습

오늘 해야 할 일이 다음과 같다면 시간 관리 우선순위 원칙에 따라 구분해 보세요. 구분한 다음에는 친구와 비교해 보고 순위가 다르다면 왜 그렇게 했는지 서로 이야기해 보세요.

해야 할 일	평소에 자신이 생각하는 순위	우선순위 기준을 적용한 순위
친구들과 놀기		
수업 복습		
수행 평가		
컴퓨터게임		
TV 시청		
저녁식사		
낮잠		
학원 숙제		
채팅(문자 메시지)		
예습		
독서		

시간 관리의 달인

NAME: CLASS:

나의 소중한 꿈과 목표를 이루기 위해 매일 꾸준히 해야 할 일들은 무엇이 있을까요? 당장 급한 일은 아니지만 운동이나 독서처럼 꾸준히 해주지 않으면 안 되는 일을 생각해 보고 3가지 이상 적어 보세요.

매일 적는 공부 일지

	년 월 일 요일
과목	공부한 내용
국어	한끝 참고서 23~25쪽 문제 풀기
수학	쎈 수학 14~15쪽 20문제
영어	3과 본문 27쪽 본문 암기, 단어 10개 외움 학원 숙제 해법영어 45~48쪽 문제 풀이
사회	교과서 28~30쪽 3번 읽고 요약하기
코치 확인	

자기 경영 일지

날짜	월 일 요일	
일어난 시각	잠자리에 든 시각	
과목	To do list (나의 꿈과 목표를 위해 오늘 할 일)	결과 (○, △, ×)
학습 만족도	오늘 나의 태도와 학습 만족도는 100점 만점에 ( )점	
잘한 일 & 반성할 일		

오늘도 나의 〈목표〉에 대해 자주 생각해 보았나요? (상 / 중 / 하)

17살 때 이런 경구를 읽었습니다.
"매일매일을 인생의 마지막 날처럼 산다면 언젠가는 당신의 인생이 옳은 삶이 될 것이다."
이 글은 감명을 주었고 저는 그 이후 33년간 매일 아침 거울을 보면서
제 자신에게 질문을 던졌습니다.
"오늘이 내 인생 마지막 날이라면 오늘 하려는 일을 할 것인가?"
- 스티브 잡스

꿈을 이루는 주간 성찰 일지

	지난주 활동 되돌아보기	
지난 한 주 동안 잘한 일이나 활동은 무엇입니까?	• 학습면: • 활동면: • 기타:	
지난주 수업 집중도는?	1. 수업 시간에 이해와 암기를 병행하였습니까? (상, 중, 하) 2. 중요한 내용과 모르는 내용을 표시하였습니까? (○, △, ×) 3. 수업이 끝난 후 잠시 기억해 보고 생각해 보았습니까? (○, △, ×)	
수업 끝난 후 어떤 공부를 하였습니까?	1. 그날 배운 수업 내용을 잘 복습하고 충분히 이해하고 중요한 내용을 외우셨나요? (○, △, ×) 2. 잠자리 들기 전(10~30분 전)에는 하루를 되돌아보고, 그날 공부한 내용을 잠시 생각해 보았습니까? (○, △, ×) 3. 매일 꾸준히 공부한 과목은 무엇입니까?	
독서 활동		
한 주 동안 자발적으로 공부를 실천하였나요?		
지난주 반성 & 개선할 사항		
지난주 나의 활동 평가	100점 만점에 (　　　)점	
	주간 계획	
다음 주 꼭 해야 하는 중요한 공부		
나에게 한마디 (다짐, 계획, 소망)		

> 매일 아침에 일어나면 "내가 할 수 있는 일이 뭘까?"라고 생각했다.
> 그리고 저녁에 잠자리에 들 때는 "내가 그것을 했는가?"라고 자문했다.
> 나는 그렇게 하루를 시작하고 하루를 마무리 지었다.
> — 벤자민 프랭클린

집중하고 싶은 나

- 공부할 때 집중을 못하는 나 자신의 모습을 글 또는 그림으로 표현해 보세요.

- 집중하지 않고 있는 나에게 집중을 잘하기 위해 해주고 싶은 말은 무엇일까요?

몰입과 집중력

학생 질문 ❶ 공부하는 데 집중이 잘 되지 않네요. 어떻게 하면 집중이 잘 될 수 있을까요? 저는 컨디션만 되면 책상에 5시간까지 앉아 있을 수 있거든요. 그런데 공부에 전혀 집중할 수가 없어요. 도와주세요. 제발~

학생 질문 ❷ 저는 고1 학생인데요. 공부할 때요, 집중이 잘 되지 않아요. 부담감도 좀 있는 거 같고, 계속 머릿속에 딴생각이 떠돌아다닙니다. 제가 부담을 가져서 그런가 하는 생각도 듭니다. 집중하다가도 갑자기 딴생각이 떠오르거든요. 그런데 집중해야겠다고 생각을 하다 보니까 더 집중이 안 되는 것 같기도 합니다. 공부 잘하는 애들을 보면 저보다도 조금 하는 거 같은데 왜 저보다 잘할까요? 걔들은 저보다 더 효율적으로 공부하기 때문이겠지요? 이거 어떻게 해야 하나요?

> **[다함께 나눔]**
> 여러분들도 비슷한 경험이 있나요?(공부는 해야 하는데 자꾸 쓸데없는 생각 때문에 집중은 안 되고 책상에 오랜 시간 앉아 있기만 하고 공부는 별로 못했던 경험)
>
> 자, 그렇다면 집중이 되지 않는 이유에는 어떤 것들이 있을까요?
> 무엇이 우리의 집중을 방해하는 걸까요?
> 각자의 생각을 말해 볼까요?
> 집중이 잘 되지 않아 공부가 힘들었던 경험을 나눠 보아요.

몰입(집중)의 예

뉴턴, 아인슈타인, 정약용, 스티브 잡스, 에디슨, 빌 게이츠, 워런 버핏 등 비범한 업적을 이룬 천재들에게는 한 가지 공통점이 있다. 고도로 집중된 상태에서 문제를 생각하는, 몰입 사고를 한다는 것이다. 그들이 천재라서 집중력이 높은 게 아니라, 집중력이 높아 천재가 됐다는 이야기이다. 바로 '몰입'이 우리의 천재성을 일깨워줄 열쇠라고 말할 수 있다.

질문

그럼, 각자 몰입이 잘 되고 집중했을 때의 체험을 말해 볼까요?
몰입을 통해 '행복감', '뭔가 해냈구나.' 하는 성취감을 느꼈던 경험을 말해 보세요.
뭔가 몰입해서 집중했을 때 시간이 금방 흘렀던 경험 같은 거 말이에요.
어려운 문제를 해결했다거나 공부하다가 몰입했을 때의 경험이 있다면 발표해 보세요.

집중력 연습하기

1. 가져온 수학 문제집을 꺼내서 문제집을 푼다(한 쪽 정도, 너무 어렵지 않은 수준).

2. 못 푼 문제에 별표(★)를 한다.

3. 별표가 된 3문제를 정해서 각 문제당 3분씩 생각한다.
   - 5분이 가능하면 5분을 해도 무방하다.
   - 3분이 되기 전에 풀었다면 다음 문제로 넘어간다.

4. 3분이 되기 전에 풀었던 문제에 체크(V) 표시를 한다.

5. 못 풀었다면 다시 별표(★)를 한다.
   - 2번 못 풀었다면 별표가 2개가 된다.

6. 두 번째에도 못 푼 문제 중 하나를 정해서 5분간 집중적으로 생각한다.

7. 숙제
   ❶ 두 번 다 못 푼 문제에 대해 매일 7분씩 생각하기(7분이 부담되면 5분씩)
   ❷ 며칠 만에 풀었는지 다음 시간에 발표하기

> **Tip**
>
> 생각하는 훈련이 안 된 학생들은 힘들어할 수 있으므로 코치는 학생들이 주어진 시간만큼 집중할 수 있도록 도와주고 시간을 재 주어야 한다. 3분이 힘든 경우는 1분, 5분이 힘든 경우는 3분 등으로 시간을 조절한다. 생각하는 훈련을 하면 어려운 문제도 풀 수 있다는 성취 경험을 얻도록 도와주어야 한다.

집중력 길러주는 수학 문제 풀기

NAME: CLASS:

선생님과 수학 문제집을 풀기로 약속한 부분을 펴서 문제를 풀어보세요. 문제 푼 결과도 확인해 적어 보세요.

먼저 문제가 풀리지 않을 경우
최소 몇 분 정도는 생각하겠다고 목표를 정하세요.

1차에 문제 푸는 데 필요한 최소 시간: (   )분
2차에 문제 푸는 데 필요한 최소 시간: (   )분

1차로 (   )분 안에 푼 문제 - ○표, (   )분 안에 못 푼 문제 - △표
(   )분 안에 못 푼 문제는 다시 푼다(2차)
2차로 푼 문제 중 (   )분 안에 푼 문제 ○(△)표,
2차에도 못 푼 문제 - △표(△△표)

〈결과〉

총 (   ) 문제 중
○표: 문제
△표: 문제
◬표: 문제
△△표: 문제

모두 걸린 시간: 분

몰입 노트 작성하기

공부 일지를 기록하듯이 자신의 몰입도를 매일 기록해서 피드백하는 것도 좋은 방법입니다. 모든 것은 습관으로 만들기 전까지는 의도적인 노력이 필요합니다.

몰입 노트 예 1

일 시	년 월 일( )
생각할 과제	후회 없는 인생을 살기 위해서는 어떻게 해야 하는가?
나의 생각	1. 2. 3. 4.

몰입 노트 예 2

일 시	년 월 일( )
생각할 과제	왜 고구려나 백제가 아닌 신라가 삼국을 통일하였는가?
나의 생각	1. 2. 3. 4.

몰입 노트 예 3

일 시	년 월 일( )	
생각할 과제	지구의 기후 위기를 해결하기 위해서는 어떻게 해야 할까?	
나의 생각	1. 2. 3. 4.	
참고 자료		집중해서 생각한 시간

몰입 노트 예 4

일 시	년 월 일( )
생각할 과제 (수학 문제)	
나의 생각	
생각한 시간	

몰입 노트 예 5 주말 몰입

일 시	년 월 일(토) ~ 년 월 일(일)
생각할 과제	감사한 일과 감사한 분 생각하기
감사한 마음이 중요한 이유는?	
감사한 분/ 감사한 일	1. 2. 3. 4. 5. 6. 7.

**자기주도학습
코칭 프로그램**

시험 준비 체크리스트
내가 만든 예상 시험 문제
내가 만든 예상 시험 문제(객관식)
똑똑한 시험 준비 계획표
시험 되돌아보기
시험 결과 분석하기

P·A·R·T·5

시험 준비와 시험 전략

PART 5. 시험 준비와 시험 전략

    Part 5는 '시험 준비와 시험 전략'에 관한 내용이다. 만약 시험이 없다면 공부하는 학생이 얼마나 될까? 아마 대부분 학생이 공부에 긴장을 잃을 것이다. 마치 시합이 없이 운동 연습을 하는 선수가 실력 향상을 기대하기 어려운 것과 마찬가지다. 사실 공부는 단순히 학습하는 행위에서 끝나는 것이 아니라 평가에서 공부가 완성된다고 볼 수 있다. 즉 시험은 공부의 마지막을 이루는 중요한 부분이다. 그러므로 단순히 열심히 하는 것만으로 성적이 향상되거나 만족할만한 결과를 얻을 수는 없다. 자신의 상황과 여건에 맞게 제대로 계획을 세우고 시험의 성격이나 유형에 맞게 적절하게 대비하는 것도 중요한 공부임을 알아야 한다. 코치나 부모는 아이가 시험 전략을 가지고 임할 수 있도록 시험 계획 및 평가를 하도록 이끌어주어야 한다.

    시험이 즐겁고 유쾌한 사람은 없겠지만 반대로 시험이 없다면 자신이 무엇을 어느 정도 알고 있으며, 얼마만큼 목표를 달성했는지 알 수가 없다. 또 아는 것을 제대로 표현하지 못하고 설명할 수 없다면 제대로 공부했다고 할 수 없다. 공부는 열심히 하는데 성적이 공부한 만큼 오르지 않아 고민하는 학생들이 많다. 여러 가지 요인이 있겠지만 평소에 시험을 전제로 한 공부를 하지 않은 공부 습관 때문인 경우가 있다. 따라서 평소에 '이 부분에서 선생님은 시험에 뭘 출제하실까? 오늘 수업 시간에 배운 내용 중에 중요하고 암기할 내용은 무엇이었지?'라고 스스로 물으면서 공부한다면 공부 효율이 올라가고 성적도 그에 비례해서 상승할 것이다. 그러므로 학생이 평소에 시험을 전제로 한 공부를 해 나갈 수 있도록 지도한다면 시험 준비에 쓰는 시간도 줄어들고 노력한 것에 비해 결과도 훨씬 좋을 것이다.

최상위권 학생들은 시험을 준비할 때 다른 학생들과 어떤 차이점이 있을까. 중하위권 학생들은 대부분 '벼락치기'식으로 시험 공부를 한다. 시험 범위를 미처 제대로 다 공부하지도 못하고 시간에 쫓겨 허둥지둥 문제집만 풀다 시험을 치르기 일쑤다. 그러다 보니 제대로 개념을 이해하지 못했거나 단순하게 암기한 덕분에 핵심을 놓치거나 아는 문제도 실수로 틀릴 때가 많다. 반면 상위 1%의 학생은 일반적으로 시험 3~4주 전부터 시험 전략을 세운다. 전략의 핵심은 철저한 '계획'과 꼼꼼한 '반성'이다. 목표와 세부 실천 계획을 구체적으로 설정하고, 이를 꾸준히 실천하고 주기적으로 점검하고 보완하면 성적은 자연스레 오른다.

이에 반해 중하위권 학생들은 시험이 2~3주 전으로 다가와도 아직 시간이 많다며 여유를 부리다가 시간에 쫓겨 벼락치기를 하는 악순환을 거듭한다. 그런데 신기한 것은 이런 패턴을 시험마다 반복한다는 것이다. 이 반복되는 실패의 고리를 끊으려면 시간을 100% 활용하는 학습 계획을 세워야 한다. 시험 준비에도 전략이 필요하다.

시험은 어쩌다 한 번 치르는 행사가 아니다. 학기별 중간·기말고사, 각종 평가시험, 모의고사 등 한 학기에도 성격이 다른 시험이 수차례 진행된다. 시험을 철저히 준비하는 과정에서 실력이 쌓인다. 시험은 현재 진행형이다. 시험 성적이 높게 나왔다고 해서 만족해서는 안 되지만 성적이 크게 떨어졌어도 낙심하거나 좌절해서는 안 된다. 시험 결과를 분석해 잘못된 점을 찾고 꾸준히 개선하며 실력을 키워 나가야 한다. 시험에서 지속해서 좋은 성과를 얻기 위해서는 체계적으로 계획을 세우고 지키는 것만으로는 부족하다. 철저한 자기반성 과정, 즉 '피드백(feedback)'을 거쳐야 한다. 피드백은 자기의 강점과 약점을 파악하고, 이를 효과적으로 개선하는 방법을 알려주기 때문이다.

시험이 끝난 뒤 실망감으로 공부할 의욕을 잃은 학생이라면 자신을 발전시키는 피드백 5단계에 따라 다음 질문을 스스로에게 던져보게 하자.

첫째, 지난 시험에서 성적이 낮은 과목과 성적이 떨어진 요인은?

이번 시험에서 유독 영어 점수가 떨어진 이유는 무엇인가? 지난 시험과 비교해 시험이 전체적으로 어려웠는가? 등의 질문에 스스로 답하며 시험 전반에 대한 자기의 소감을 글로 적는다. 이렇게 하면 시험을 치르면서 잘못했던 점, 개선할 점을 찾을 수 있다. 단순히 시험에 대한 느낌을 머릿속에 떠올리지 말고 지난번 시험과 비교해 어떤 부분에서 실패하고 성공했는지 구체적으로 적는다.

둘째, 시험 계획은 적절했는가?

이번 시험에 대비해서 공부할 때 시험 계획을 체계적으로 잘 세웠는지, 공부한 분량은 충분했는지, 계획한 대로 실천했는지를 자신에게 묻는다. 이 물음의 답을 근거로 다음 시험 대비를 위한 학습 계획을 세우는 데 활용한다.

셋째, 계획대로 잘 실천했는가?

시험을 준비하는 기간뿐 아니라 시험을 치르는 기간에 어떻게 생활했는지 뒤돌아본다. 휴대 전화, TV, 컴퓨터 등 공부를 방해하는 유혹거리를 어떻게 물리쳤는지를 집중 점검한다. 지난 시험에서 TV드라마 때문에 시간을 낭비했다면 이번 시험 기간에 똑같은 잘못을 반복하지 않도록 이에 대한 대비책을 세운다. 각오만으로는 충분치 않다. 미리 준비를 해두면 다음 시험을 준비할 때 유혹을 물리치는 것이 어렵지 않다.

넷째, 취약 과목을 어떻게 극복할 것인가?

이전 시험에서 최악의 점수를 받았던 과목을 확인한다. 시험 당시 취약 과목의 난도는 어땠는지, 어떤 문제에서 헤맸는지를 꼼꼼히 살핀다. 취약 과목 오답 노트를 만들어 틀린 문제를 중심으로 그 원인을 분석하고, 유형별로 10문제 이상 푼다든지 평소에 반드시 예습하고 수업에 임한다는 식의 구체적인 대안을 찾는다.

(그런데 오답 노트가 모든 학생에게 다 좋은 것은 아니다. 성적이 하위권인 학생에게 적을 게 너무 많아서 오답 노트 작성이 정말 고역일 것이다. 그럴 때는 맞힐 수 있었는데 틀린 문제 위주로 작성해 보는 것도 하나의 방법이 될 수 있다.)

다섯째, 다음 시험을 위한 목표와 지금부터의 학습 계획을 세운다.

이전 시험에 대한 반성을 토대로 다음 시험의 목표를 설정한다. 어떤 부분을 가장 시급히 고쳐야 하는지, 더 나은 목표를 위해 내가 할 수 있는 일은 무엇인지를 학습 계획표에 구체적으로 적는다. 다음 시험에서 가장 성적을 올리고 싶은 세 과목을 정해 전략 과목으로 삼고, 이를 위한 계획을 별도로 세운다. 목표와 계획이 확실하면 수업 시간 집중도도 높아진다.

《손자병법》에 '지피지기(知彼知己)면 백전불태(百戰不殆)'라 하였다. 적을 알고 나를 알면 백번 싸워도 위태롭지 않다는 말이다. 시험은 변형된 형태의 공부다. 따라서 평소 공부와는 다르게 접근해야 성공 확률이 높아진다. 잘 준비할수록 시험에 대한 걱정이나 스트레스도 줄어들 것이다.

자기주도학습을 위한 시험 준비 체크리스트

학교 학년 이름:	O/X
1. 나는 시험을 잘 봐서 성적 향상을 하고 싶다.	
2. 나는 시험을 잘 봐야 하는 이유가 있다.	
3. 시험공부를 할 때 어떤 문제가 나올지 생각하면서 공부한다.	
4. 목표로 하는 점수나 등급을 정하고 시험을 준비한다.	
5. 2~3주 전에 미리 시험 대비 공부 계획을 짜고 공부한다.	
6. 중요한 것은 여러 번 반복해서 읽거나 암기한다.	
7. 내가 잘하는 전략 과목과 보완하고 평소에 준비해야 할 취약 과목을 알고 있다.	
8. 시험공부에 이 책 저 책 보지 않고 활용할 교재가 명확하게 정해져 있다.	
9. 나만의 실전 시험 대비 훈련을 하고 있다.	
10. 시험공부를 할 때 중요한 핵심을 잘 찾아서 공부하는 편이다.	
11. 수업 시간에 선생님이 중요하다고 말씀하시는 것을 잘 적어두고 있다.	
12. 시험 문제가 출제되는 경향을 이해하고 분석하고 있다.	
13. 나만의 시험 대비 과목별 공부법이 따로 있다.	
14. 시험이 끝나면 출제된 문제의 출제 유형과 경향을 분석한다.	
15. 틀린 문제의 오답 원인을 분석하고 공부해서 확실히 알고 넘어간다.	
16. 벼락치기를 하지 않는 편이다.	
17. 시험 범위의 내용을 모두 공부하고 시험 보는 편이다.	
18. 수업 시간에 선생님이 강조하는 부분은 따로 표시하고 집중해서 공부한다.	
19. 나는 시험을 잘 볼 수 있다는 자신감이 있다.	
20. 시험공부를 할 때는 TV, 잠, 컴퓨터, 핸드폰 등의 유혹을 잘 이겨내고 있다.	

체크리스트를 표시하면서 자신의 부족한 부분을 알아가는 것이 중요하다. 부족한 부분을 개선하기 위한 실천 또한 중요하다. 체크한 학생은 자신의 개선 방향을 생각해 볼 수 있도록 분위기를 유도한다.

- 체크한 내용을 가지고 자신의 방법에 관해 이야기 나눠 보세요. 그리고 앞으로 시험에 대비하여 내가 실천할 것이 무엇인지 적어 봅시다.

내가 만든 예상 시험 문제

NAME: _____ CLASS: _____

- 주어진 내용을 읽고 내가 출제자라면 어떤 문제를 낼 것인지 예상 문제를 만들어 보세요.

1.

2.

3.

4.

5.

6.

7.

8.

9.

10.

Tip
출제한 후(정답은 자신의 노트에 적어 놓는다), 옆 사람과 바꿔서 문제를 풀어본다. 문제를 푼 다음 돌려주고 채점한다. 문제가 이상한 경우에는 나중에 이의를 제기해서 바로잡는다. 선생님은 최대한 간섭을 자제하고 애매한 문제 등으로 문제가 있을 때 도와준다.

내가 만든 예상 시험 문제(객관식)

NAME: _____ CLASS: _____

- 주어진 내용을 읽고 시험 출제자의 입장에서 예상 문제를 만들어 보세요.

    1.
        ①
        ②
        ③
        ④
        ⑤

    2.
        ①
        ②
        ③
        ④
        ⑤

    3.
        ①
        ②
        ③
        ④
        ⑤

    4.
        ①
        ②
        ③
        ④
        ⑤

똑똑한 시험 준비 계획표

(D-21 시험공부 계획표)

- 시험 당일까지 과목별로 여러 번 반복 학습을 한다는 생각으로 계획표를 작성해 주세요.

	월 일	월 일	월 일	월 일	월 일	월 일	월 일
첫째 주							
	월 일	월 일	월 일	월 일	월 일	월 일	월 일
둘째 주							
	월 일	월 일	월 일	월 일	월 일	월 일	월 일
셋째 주							

시험 되돌아보기

NAME: _____   CLASS: _____

1. 이번 시험에서 가장 만족한 결과가 나온 과목은 무엇입니까?

2. 시험 준비는 충분하였습니까? 부족하였습니까?

3. 시험을 준비하면서 잘한 일은 무엇입니까?

4. 시험을 준비하면서 부족했던 점은 무엇입니까?

5. 시험 시간에 긴장하거나 불안하지는 않았습니까?

6. ❶ 목표가 적당했나요?
　　❷ 무리한 목표를 세우지는 않았나요?
　　❸ 다음 시험에는 어느 정도의 목표가 적당하다고 생각하나요?

7. 다음 시험에 꼭 좋은 성적을 받고 싶은 과목은 무엇입니까?

8. ❶ 시험 끝나고 틀린 문제와 잘 모르는 문제에 대해서 이유를 살펴보고 확실하게 알고 넘어갔나요?
　　❷ 다음 시험에 똑같은 문제가 나온다면 안 틀릴 것 같은가요?

9. 다음 시험을 위해서 평소에 어떤 방식으로 공부하는 것이 좋을까요?

시험 결과 분석하기

1. 시험 결과를 목표와 비교해 보세요.

과목	국어	수학	사회	과학	영어
목표 점수					
실제 점수					

2. 잘 한 것과 부족한 것 찾기

과목	잘한 것 또는 부족한 것	고칠 것 또는 노력할 것

3. 다음 시험을 준비할 때 실천해야 할 전략을 자세하게 세워 보세요.

▶ 과목별로 세워도 좋습니다.

❶
❷
❸
❹
❺
❻
❼
❽
❾
❿

**자기주도학습
코칭 프로그램**

My Dream List
Design Money
Setting up my Goal
Spell of Confidence
Acrostic Compliment
My future Internet homepage
To a friend who made a mistake
My future journal
Book Review
Time Management Plan
Who am I?
Future Business card
My mentor, role model
TIME
Build good habits to study
Friend Dictionary
Conversation with yourself
Friends to be liked VS Friends to be disliked

Leadership Notes

My Dream List

NAME: CLASS:

Write the list of your dreams that you want to achieve,
reference to John Goddard's dream lists

- Place to explore

- Primitive culture exploration

- Mountain to climb

- Things to learn

- Pictures to take

- Underwater exploration

- Places to travel

- Places to swim

- Things to achieve

- People to meet

Design money

NAME: _____   CLASS: _____

Design money with the person I admire.

〈Front〉

Decorate the FRONT,

draw the person's photo or picture that related to him/her.

〈Back〉

Decorate the BACK of the money,

write or draw things that reminds him/her or any other related to the person.

Setting up my Goal

NAME: CLASS:

Challenging assignment that I must achieve in August

Ⅰ. Challenging assignment that
   I want to achieve in second semester.

Ⅱ. Challenging assignment that
   I want to achieve next year

Spell of Confidence

NAME: CLASS:

★ Great Boxer Muhammad Ali's spell -
"I am fast! I am strong! I am the Champion!!!"

★ Korean American Business man Tae-yeon Kim's spell -
"He can do it, She can do it, Why not me?"

- What phrase that makes me confident?
  - Make my own spell to keep myself energetic.

Acrostic Compliment

NAME: CLASS:

Compliment makes people happy.
Including the person who says and hears.
They even say a compliment makes a whale dance.

Choose a friend from your team.
Write their name and make an acrostic poem that compliments him/her.
It will make both you and him/her happy.

My future Internet homepage

NAME: CLASS:

All my dreams came true.
To let everyone know who I am, I have made an internet homepage.
Draw your main page.

To a friend who made a mistake

NAME: CLASS:

"You are wrong!" "Don't you know that? Stupid!"

These are the things that

you don't want to hear when you have made a mistake.

What can you say,

to point out the mistake yet also encouraging your friend.

My future journal

NAME: _____ CLASS: _____

Write your journal entry for future date as it happened today.

Don't forget to show your feelings as real as it happened today!

Book Review

NAME: CLASS:

Write two book reviews that you like to recommend,
that helped to develop or influenced you.

Title :
Draw or write the part that you've been helped/influenced :

Reason to recommend:

Title :
Draw or write the part that you've been helped/influenced :

Reason to recommend :

Time Management Plan

NAME: CLASS:

What are the things that you need to do to achieve your goal?
Write more than three.
Think about the things that you have to keep on doing,
such as exercise or reading.

P·A·R·T·6 Leadership Notes

Who am I?

NAME: CLASS:

Make an advertisement to your friends to promote who you are. Write or draw

Future Business card

NAME: _____ CLASS: _____

Make a future business with the job and its title of your dream.

〈Front〉

〈Back〉

My mentor, role model

NAME: CLASS:

Think about your role model and write
what you want to learn about that person.

〈mentor, role model 1〉
- Name :
- Parts that you look up :

〈mentor, role model 2〉
- Name :
- Parts that you look up :

〈mentor, role model 3〉
- Name :
- Parts that you look up :

MARCH 21, 2031

TIME

You have been selected as TIME magazine's cover model.

How do you like yourself to be introduced?

Place picture in upper part and write an article on.

Build good habits to study

NAME: CLASS:

What are the good habits that helps me to study?

Friend Dictionary

NAME: CLASS:

Leader is a person who understands.
To understand your friends, you need to know them well.
Make a friends dictionary, to find out more about your friends.
How much do you know about them?

- Name :

- Address :

- Hobby :

- Personality :

- Worry :

- Specialty :

- Favorite celebrity :

- Favorite food :

- Strength :

- Weakness :

Conversation with yourself

NAME: _____   CLASS: _____

To become a good leader, you need to know who you are.
What kind of person am I?

1. I am good at _____.

2. I want to be good at _____.

3. The most exciting thing is _____.

4. Things I want to fix about myself is _____.

5. The most important thing to me is _____.
    Example) honesty, friendship, love, courage, study, effort, faith, religion, patient etc

6. The best word to describe who I am _____.

7. Therefore I am _____.

Friends to be liked
vs.
Friends to be disliked

NAME: _____ CLASS: _____

There are friends that you like and dislike.

Write which types of your friends are liked and disliked.

1. Features of popular friends:

2. Features of unpopular friends:

**자기주도학습
코칭 프로그램**

1회차 프로그램: 부모 교육의 목적과 자녀와 관계 맺기
2회차 프로그램: 자녀에게 남기고 싶은 유산
3회차 프로그램: 행복한 부모와 행복한 자녀
4회차 프로그램: 칭찬과 꾸중
5회차 프로그램: 선택권 주기 & 문제 바라보기
6회차 프로그램: 자녀와의 의사소통
7회차 프로그램: 자녀 행동의 목적과 '나' 메시지
8회차 프로그램: 자녀에게 기술 & 뿌리 역사 가르치기
9회차 프로그램: 독서 지도 & 비전 지도
10회차 프로그램: 가족 모임 & 강점 구축하기

PART 7

부모 코칭 프로그램

PART 7. 부모 코칭 프로그램

　어떻게 하면 자녀 교육을 더 잘 할 수 있을까? 훌륭한 부모가 되는 법은 무엇일까? 많은 부모가 아이를 키우고, 아이가 자라면서 고민이 더욱 깊어진다. 결혼할 때는 몰랐던 문제들과 부닥치고, 아이와 좋은 관계를 맺으며 살아가고 싶지만 예기치 못한 문제에 부딪혀 절망에 빠지기도 한다.

　많은 부모가 공통으로 느끼는 것은 첫째, 자녀 교육에 학교나 학원보다 부모의 역할이 훨씬 더 중요하다는 것이다. 둘째, 중요한 부모의 역할에 대해 배우고 습득하는 과정이 필요하다는 것이다. 즉 부모 역할은 아무리 강조해도 지나침이 없는데 제대로 부모 역할을 수행하기 위해서는 훈련이 필요하다는 것이다. 누구나 자녀를 잘 양육해 나가기를 원하지만 거기에 필요한 기술을 배우거나 익힌 적은 없다. 오죽하면 부모 면허증을 발급해야 한다는 얘기까지 나올까?

학생들의 학습을 코칭하다 보면 부모 코칭의 필요성을 더욱 많이 느낀다. 부모가 든든한 후원자가 되어줄 때 자녀 코칭은 극대화될 수 있다. 하지만 아직도 많은 부모가 자신에 대한 코칭보다는 자녀에 대한 코칭의 필요성을 주문하고 있다. 아이가 문제가 더 많으니 아이를 집중적으로 코칭해 달라는 말이다. 부모와 자녀의 관계가 좋지 않을 때 학습코치는 학생에 대한 코칭의 어려움을 느낀다. 그리고 부모 코칭을 통해 이를 해결하려고 한다.

그런데 학생들에 대한 코칭 프로그램은 많이 있지만 부모 코칭에 대한 프로그램은 많지 않다. 그래서 현장의 코치들이 부모 코칭을 할 때 사용할 수 있도록 전체 10회차 프로그램을 준비하였다. 《자기주도학습 코칭 매뉴얼》에 있는 내용과 비교하면서 프로그램을 보면 어떻게 현장에서 사용할지 짐작할 수 있을 것이다. 직접적인 학습을 코칭하는 부분은 《자기주도학습 코칭 매뉴얼》에 자세히 설명되어 있으므로 여기서는 생략해 10회로 구성하였다.

코치는 필요에 따라 학습 관련 부분을 2회 추가하여 12회로 구성하는 것도 괜찮을 것이다. 부모의 경우 혼자서 1주일에 1회씩 진행해 나간다면 3달이 되기 전에 프로그램을 다 마칠 수 있다. 자, 이제 10회 프로그램 안으로 들어가 보자.

1회차 프로그램:
부모 교육의 목적과 자녀와 관계 맺기

1. 부모라는 직업의 목적은?
　① 우리 자녀가 세상에 나가 건강하고 더 잘 살아나가도록 보호하고 준비시켜 주는 것.
　② 급변하는 지구촌의 현실 사회에서 우리의 자녀가 올바로 자라고 성공하도록 기술과 자질을 길러 주는 것

- 아이들이 갖춰야 할 자질 및 덕목은 (　　), (　　), (　　), (　　), (　　), (　　), (　　), (　　) 등이다.

- 내 생각에 부모의 임무란?

> 아이들이 일생 동안 즐겁게 할 수 있는 일을 찾고 그 꿈을 열정적으로 꿀 수 있도록 격려하는 것이다. 나는 너희들이 꿈의 성취로 가는 자기만의 길을 발견하기를 원한다. 그리고 나는 여기에 없을 것이므로, 한 가지 분명히 해 두고 싶다. 얘들아, 아버지가 너희들이 무엇이 되기를 바랐는지 알려고 하지 마라. 나는 너희들이 되고 싶은 것이라면 그게 무엇이든, 바로 그것을 이루기를 바랄 뿐이다.
>
> － 마지막 강의, 랜디 포시

- 그렇다면 부모의 임무에 대한 나의 생각을 써 보세요.

> [!NOTE] 활동 1

- 오늘 자신에게 이렇게 말해 보세요.

> "이 아이는 이 세상에서 가장 소중해. 이 세상의 모든 부모는 사실 모두가 가장 중요한 자녀를 키우고 있는데, 자녀 양육은 이 세상의 그 어떤 직업보다 중요하고 큰 책임을 요구하지. 나는 언제나 기쁘고 감사한 마음으로 이 소중한 직업을 실천해 나갈 거야."

〈이 세상에서 가장 소중한 아이 ❶〉

이 세상에서 가장 소중한 아이의 이름은 (　　　)이고, 나이는 (　　)살입니다.
이 아이의 장점은 (

　　　　　　　　　　　　　　　　　　　　　　　　　　　)입니다.
　　　　　　　　　　　　　　　　　　　　　　- 10가지 이상 적으세요.

〈이 세상에서 가장 소중한 아이 ❷〉

이 세상에서 가장 소중한 아이의 이름은 (　　　)이고, 나이는 (　　)살입니다.
이 아이의 장점은 (

　　　　　　　　　　　　　　　　　　　　　　　　　　　)입니다.
　　　　　　　　　　　　　　　　　　　　　　- 10가지 이상 적으세요.

〈이 세상에서 가장 소중한 아이 ❸〉

이 세상에서 가장 소중한 아이의 이름은 (　　　)이고, 나이는 (　　)살입니다.
이 아이의 장점은 (

　　　　　　　　　　　　　　　　　　　　　　　　　　　)입니다.
　　　　　　　　　　　　　　　　　　　　　　- 10가지 이상 적으세요.

2. 매일 놀아주자

부모는 자녀의 발달 과정에서 적절한 훈육과 지도를 통해 자녀가 올바로 성장해 나갈 수 있도록 돕는다. 그런데 이러한 지도와 훈육은 자녀와 좋은 관계가 형성되었을 때 쉽고, 자녀와의 관계가 원만하지 못하면 아이들은 더 엇나가고 반항적인 행동을 하게 된다.

질문 1 자녀와 좋은 관계를 유지하기 위해서 할 수 있는 좋은 방법은 무엇이 있을까?

❶

❷

❸

질문 2 자녀와 함께 놀 수 있는 활동은 무엇이 있을까?

❶

❷

❸

질문 3 자녀와 함께 놀 때 주의할 점은 무엇일까?

❶

❷

❸

* 날마다 조금씩 놀아주는 것만으로도 많은 변화가 생길 것이다.

활동 2

당신이 자녀와 시간을 함께하는 것을 매우 소중하게 여긴다는 것을 당신의 자녀가 느낄 수 있도록 매일 10~20분씩 즐거운 시간을 갖도록 계획을 세워 보세요.

	자녀와 함께한 활동(구체적으로)	이 활동을 다음번에 어떻게 더 재미있는 활동으로 만들 것인가? (계속 활동할 것이 아니라면 어떻게 바꿀 것인가?)
1일		
2일		
3일		
4일		
5일		
6일		
7일		

2회차 프로그램:
자녀에게 남기고 싶은 유산

1. 남기고 싶은 유산

우리는 세상을 마치고 이 세상을 떠날 때 자녀에게 유산을 남긴다. 거대한 재산을 남겨 주기도 하고 추억 한 조각만을 남기기도 한다.

자녀에게 남기고 싶은 유산이 무엇이냐는 질문에, 어떤 시인은 대뜸 '책 읽는 모습'이라고 말했다. 책을 읽으라고 말하기보다는 책 읽는 모습을 먼저 보여 주는 것, 함께 도서관과 서점을 찾고 책을 읽는 것, 그렇게 부모가 늘 책을 읽는 모습을 보여 주는 것만큼 큰 교육, 큰 유산이 어디 있겠느냐는 말이다. 그리고 부모가 아이들의 기억을 어떻게 만들어 나가느냐가 이후 가장 중요한 유산의 내용이 될 것이라고 했다.

또 어떤 이는 자기가 평생 동안 간직해 온 소중한 분들과의 인연을 기록한 노트를 자녀에게 물려주고 싶다고 했다.

- 당신이 자녀에게 남겨주고 싶은 유산은 무엇입니까? 유산 목록을 작성해 주세요.

2. 문제는 성숙의 기회

어느 가정이든지 문제없는 가정은 없다. 하지만 문제를 통해 협력하고 성숙하며 발전하는 가정이 있는가 하면, 서로 갈등하고 미워하며 다투고 감정의 골이 깊어져 끊임없이 문제 속으로 빠져드는 가정이 있다.

자녀가 어떤 문제 상황에 있다고 할 때, 그것을 발전과 성숙의 좋은 기회로 만들어 보자.

● 기회발견 리스트(다음 빈칸을 채워 보세요.)

자녀의 문제점(기회의 다른 면)	자녀에게 가르쳐 줄 태도나 자세
예) 숙제를 미루다가 밤늦게 한다.	예) 소중한 일을 먼저 한다는 시간 관리의 원리

질문 1 문제점을 활용하여 자질을 가르칠 때 주의할 점은 무엇일까요?

: 비교적 다루기 쉬운 문제점부터 생각해 본다.

예) 늦잠 자는 것
형제끼리 다투고 싸우는 것
학교에 지각하는 것

질문 2 이미 어려운 문제에 직면한 학생에게는 어떻게 대처하는 것이 좋을까요?

예) 컴퓨터에 중독된 학생
학습에 흥미를 잃고 무기력한 학생

3. 이중구속과 혼합 메시지

신호등에 빨간 불과 초록 불이 동시에 들어온다면 가야 할지 멈춰야 할지 혼란스러울 것이다.

부모가 하는 말도 때로 신호등에 불이 동시에 들어오는 것처럼 말은 분명 초록 불인데, 표정이나 몸짓이 빨간 불이면 자녀는 혼란스럽다.

예 엄마가 평소에 '말'로는 학교 성적에 연연하지 말라면서도 결과가 좋지 않은 성적표를 보면서 한숨을 내쉬는 '행동'을 보이는 경우

이렇게 의사소통하는 것을 정신의학에서는 '이중구속'이라고 하는데, 상대방에게 서로 모순된 말과 행동이 동시에 전달되는 상황을 말한다. 이중구속의 메시지를 받은 자녀는 이러지도 저러지도 못하고 혼란을 느낀다. 심한 경우 심적인 고통과 병적인 상태까지도 연결될 수 있다. 하지만 부모는 그것이 자신에게서 비롯된 문제라는 것을 알지 못한다. 자신은 일관되게 성적이 중요하지 않다고 말해왔기 때문이다. 그렇다고 하더라도 부모의 마음 깊은 곳에 있는 욕망이 자녀에게 은연중에 전달되고 있는 것이다.

아이들은 상대방을 볼 때 먼저 아군인지 적군인지를 구분한다고 한다. 아군이라고 생각하는 선생님의 수업 시간은 열심히 하겠지만, 적군으로 구분되는 선생님의 수업 시간은 적극적으로 임하지 않는 모습을 볼 수 있다. 부모가 전하는 메시지가 이중구속의 혼합 메시지라면 아이는 부모가 아군인지 적군인지 헷갈리고 당황할 것이다. 만약 그 아이가 자기주장이 강하다면 자기에게 유리한 쪽으로 해석할 것이다. 소심한 아이라면 불안을 느끼며 이러지도 저러지도 못하는 혼란스러운 모습을 보일 것이다.

따라서 부모는 일단 자녀의 행동을 수용해주는 지혜가 필요하다. 자녀의 행동을 수용한다는 것은 간섭하지 않는 것을 말한다. 간섭하지 않는다고 해서 방치나 방임을 하라는 것이 아니다. 지켜보면서 기다려주는 '관심'이 필요하다. 자녀의 행동에 일일이 간섭을 하게 되면 아이는 그만큼 시행착오를 할 수 있는 기회를 잃게 되는 것이다.

수용하는 부모는 무관심이 아니라 관심과 기대를 갖고 자녀의 행동을 지켜본다. 실수를 하거나 일을 제대로 해내지 못해 자녀가 도움을 청할 때까지 기다렸다가 자녀에게 도움을 준다면 자녀는 시행착오를 통해 많은 것을 배우게 될 것이다.

질문 1 주변에서 이중구속에 해당하는 것을 경험한 적이 있으면 적어 보세요.

질문 2 내가 자녀에게 이중구속으로 대한 것이 있다면 무엇일까요?

질문 3 성적보다 인성과 품성이 더 중요하다고 생각하십니까? 이 생각이 자녀에게 그대로 전달되기를 바란다면 어떻게 메시지를 전하는 것이 좋을까요?

3회차 프로그램:
행복한 부모와 행복한 자녀

1. 부모가 행복해야 자녀도 행복하다

어린 자녀를 둔 부모부터 학부모에 이르기까지 만나서 이뤄지는 대화를 보면 '아이를 어떻게 하면 잘 키울 수 있을까?'에 대한 주제가 대부분이다. 또 아이를 키우는 어려움에 대하여 서로 얘기하고 최선을 다하는 자신의 모습을 서로 격려하곤 한다. 하지만 자녀를 기르면서 '당신은 행복한 부모인가요?'라고 묻는다면 자신있게 대답할 사람이 얼마나 있을까? 그만큼 자녀를 양육하는 일은 가장 어려운 일 중 하나인 것이다.

그런데 자녀 양육에서 우리가 간과하고 있는 것이 있다. 그것은 바로 '자녀를 사랑하듯 부모 자신을 사랑하고 이해하라.'는 것이다. 자신을 이해하고 보듬을 때 부모에게 사랑의 에너지가 가득하게 되어 자녀라는 나무에 비로소 물을 줄 수 있다. 부모의 낮은 자존감이 자녀에게 되물림 되듯이 행복한 부모 밑에서 행복한 자녀가 자란다. 따라서 부모는 자녀의 정서 관리 뿐만 아니라 자신의 정서나 에너지 관리도 충실하게 해야 한다.

부모 역할을 적극적으로 해나가는 데는 많은 에너지가 소모된다. 자기 자신을 돌보지 않으면서 부모 역할을 하다 보면 몸과 마음의 힘이 하나도 남지 않게 된다. 재충전을 주기적으로 해주는 것이 필요하다.

> **질문 1** 자신을 위하여 에너지를 재충전하기 위해 매일 일정 시간을 할애하고 있나요? 만약 재충전한다면 어떤 방식으로 하고 있나요?

| 활동 | 부모 역할을 위한 재충전 일지(주간 활동 기록)

스스로를 보살피고 재충전하기 위해 한 일을 기록한다.

날짜	건강, 마음 관리, 주변 정리, 사교 생활 등	평가 및 소감

2. 부모인 자신 바로 보기

부모는 자녀가 행복하기를 바란다. 그러기 위해서 공부를 잘해 좋은 대학을 가고 좋은 직장에 취직하기를 바란다. 그래서 자녀에게 많은 것을 바라고 요구하고 야단치며 기르게 된다. 하지만 자녀에게 부모 역할을 흔들림 없이 잘해 나가기 위해서는 나름대로 철학이 필요하다. 그를 위해 먼저 부모 자신의 과거와 현재를 살펴보고 미래를 지향하는 모습이 필요하다.

- 나의 과거 살피기

> **질문 1** 당신의 어머니가 당신을 보고 자랑스러워하고 칭찬해주며 존경을 보여 준 태도는 어떤 것인가요? 그때 어떤 기분이었나요?
>
> **질문 2** 당신의 어머니가 당신에게 함부로 대하고 멸시하거나 천대했던 태도는 어떤 것인가요? 그때 어떤 기분이었나요?
>
> **질문 3** 당신의 아버지가 당신을 보고 자랑스러워하고 칭찬해주며 존경을 보여 준 태도는 어떤 것인가요? 그때 어떤 기분이었나요?
>
> **질문 4** 당신의 아버지가 당신에게 함부로 대하고 멸시하거나 천대했던 태도는 어떤 것인가요? 그때 어떤 기분이었나요?
>
> **질문 5** 당신이 자녀에게 함부로 대하거나 멸시하거나 천대하는 태도가 있다면 어떤 것인가요? 그때 어떤 기분이었나요?

- 부모 숙제: 자녀에게 좀 더 예의를 갖추고 존중하는 태도를 보이도록 노력하자. 그렇게 자녀를 대했을 때, 어떤 변화가 나타났는지 주의해서 살펴보자.

4회차 프로그램:
칭찬과 꾸중

1. 자녀에게 칭찬과 격려하기

식물에게 물이 필요하듯이 아이들에게는 칭찬과 격려가 필요하다. 칭찬과 격려는 인간 성장의 최고의 비법이다.

〈칭찬의 방법〉
- 행동에 대해 즉시 칭찬한다.
- 칭찬의 이유를 구체적으로 밝힌다.
- 결과와 함께 과정도 칭찬한다.
- 스킨십도 함께 한다.
- 금지사항을 지켰을 때도 칭찬한다.

〈격려의 방법〉
- 실수보다는 노력한 과정을 지지해 자녀에 대한 신뢰와 믿음을 표현한다.
- 자녀의 행동에서 긍정적인 면을 구체적으로 얘기한다.
- 다른 사람과 비교하지 않고 결과가 조금씩 나아지고 있음을 알려준다.
- 실패도 하나의 경험으로 받아들이도록 하고, 실패했을지라도 하나의 전진임을 알려준다.

● 자녀에게 칭찬과 격려하기

날짜	자녀의 행동	당신이 보낸 칭찬과 격려의 말과 행동	자녀의 반응

2. 샌드위치 꾸중하기

자녀가 고쳤으면 하는 행동, 줄였으면 하는 행동에 대해 지적을 하기에 앞서 먼저 자녀에게 평소 강점이나 칭찬을 전하고 싶은 부분을 말하고, 마지막에 다시 강점이나 긍정적으로 소망하는 부분을 칭찬해주는 것이다.

① 칭찬할 점(강점, 장점)
② 지적(고칠 행동, 줄였으면 하는 행동)
③ 칭찬할 점(강점, 바램, 성취)

예 아침에 이불을 정리하지 않는 자녀에게
- 야, 아침에 이불 좀 개면 안 되냐? 빨리 개. 내가 네 방 치우는 사람이냐?
- ○○아(야), 평소에 엄마를 잘 도와줘서 고맙게 생각한다. 아침에 시간이 별로 없겠지만 이불을 좀 정리하면 더 멋질 것 같아. 자기 할 일을 잘 챙기는 우리 아들 항상 고마워.

연습

① 자녀에게 내가 제일 많이 하는 훈계나 지적은 무엇인가요?

② 그것을 샌드위치 꾸중 기법으로 바꾸어서 말해 보세요.

3. 단점을 장점으로

에디슨의 담임선생님에게 에디슨은 단점투성이였지만, 그의 어머니에게는 장점투성이였다. 이렇게 단점이라도 어떻게 바라보느냐에 따라 장점으로 전환되고 재능을 발전시킬 수 있다.

부산스러운 자녀는 넘치는 끼가 있어서 운동이나 연예인으로 성공할 가능성이 있고, 까다로운 자녀는 남다른 분석력이 있다. 고집이 센 아이는 주관이 뚜렷한 장점이 있고, 예민한 아이는 예술 감각이 뛰어난 장점이 있다.

- 우리 아이의 단점을 장점으로 바꾸어 보자.
  ① 아이의 단점:

  ② 장점으로 바꾼다면?

4. 격려 편지 쓰기

칭찬과 격려를 말로 들려주는 것보다 글로 써서 전달해 준다면 훨씬 큰 힘을 전해줄 수 있다. 자녀가 지닌 장점과 그동안 보여 준 발전된 모습에 초점을 맞추어서 편지를 써 본다. 부모가 직접 친필 편지를 써서 보낸다면 자녀들은 생각날 때마다 그 편지를 꺼내서 볼 수 있을 것이다.

〈격려 편지 쓰기 요령〉
- 자녀가 뛰어나지 않더라도 어느 정도 진보된 부분에 대해서 초점을 맞추어 적는다.
- 진솔한 마음을 담는다.
- 구체적으로 적는다.
- 자녀의 긍정적인 행동이 어떻게 도움이 되었는지에 대해 적는다.
- 자녀가 편지에 반응을 금방 보일 것이라고 기대하지 않는다.

5회차 프로그램:
선택권 주기 & 문제 바라보기

1. 선택권 주기

'선택권 주기'란 아이에게 부모가 바라는 것을 명령하고 이를 따르게 하는 것이 아니라 자신의 일을 결정할 수 있게 물어봐 주고 기다려 아이가 스스로 선택하게 하는 방법이다.

부모가 일방적으로 명령을 내리면 자녀는 자기에게도 무언가 힘이 있다는 것을 보여 주고 싶어 한다. 이때 아이는 부모의 명령을 거부하는 방식으로 자신의 힘을 보이고자 한다. 그런데 자녀에게 둘 중 하나를 선택하라고 선택권을 주면, 아이는 자신에게도 힘이 있다는 것을 보여 줄 수 있으므로 반항하지 않는다.

이 기술은 자녀의 의사결정 능력을 향상시켜 줄 수 있다.

① 아동에게는 양자택일식 질문을 한다. **예** 콜라 마실래? 사이다 마실래?
② 청소년에게는 개방형 선택권을 준다. **예** 음료수 뭐 마시고 싶니?

- 선택권 주기의 **예**

아동	청소년
(자기 전에) 우리 무슨 책 읽을까? 엄마가 골라 줄까? 아니면 네가 고를래?	일요일에 청소와 세차 중에서 무엇을 도와줄 수 있겠니?
(목욕을 해야 하는 상황에서) 지금 목욕할까? 아니면 20분 후에 할까? 목욕할 때 노래하면서 할까? 아니면 춤추면서 할까?	명절 때 친척들이 많이 올라올 텐데, 형들하고 동생들하고 무엇을 하면서 함께 시간을 보내면 좋을까?
저녁 먹기 전에 숙제할래? 먹고 나서 숙제할래?	식탁 정리와 빨래 개는 것 중에 너는 어떤 일을 도와주고 싶니?

질문 1 힘겨루기를 피하고 선택권 주기가 필요한 이유는 무엇일까요?

〈선택권 주기에서 주의할 사항〉
- 실행하기 어려운 것은 애초에 선택사항으로 말하지 말아야 한다.
- 매번 선택권을 주는 것은 옳지 않다. 때로 자녀는 부모가 분명하게 지시를 내려주기를 원하는 경우도 있다.
- 위급한 상황에서는 사용하지 않는다.

〈힘겨루기에서 벗어나기〉
자녀가 힘의 욕구를 충족하기 위해 비정상적인 반응을 보이며 어긋난 행동을 할 때, 부모가 질책하고 화를 내는 것은 자녀가 그런 행동을 하도록 유도하는 것과 같다.
이런 점이 학습되고 습관화되면 성인이 되어서도 어떤 문제나 갈등이 생기면 대화로 해결하려고 하지 않고, 싸움이나 욕설, 협박 등을 하게 된다. 이런 사람은 자기 힘을 증명하는 방법이 싸움이나 욕설밖에 없다고 생각한다.

질문 2 힘겨루기에서 벗어나려면 어떻게 해야 할까요?

- 부모는 자녀의 폭언이나 고함에 신경 쓰지 말고 다른 형태의 반응을 보여야 한다.
- 부드러운 목소리로 정중하게 부탁한다.
- 자녀의 마음을 읽어주며 공감해준다(감정 코칭).
- 흥분한 아이가 일단 진정하는 것이 중요하다.
- 부모 자신의 심경을 담담하게 표현한다(나-메시지).

2. 문제 바라보기

자녀에게 발생하는 여러 가지 문제는 자녀의 인성과 세상을 성공적으로 살아가는 지혜를 가르쳐 줄 수 있는 좋은 기회이다. 그런데 그런 문제를 해결할 때 그 문제를 어떻게 바라보느냐 하는 것이 중요하다. 즉 그 문제를 다룰 책임을 누가 지는가 하는 것이다. 어떤 문제는 부모가 문제의식을 느끼고 해결해야 할 필요를 느낄 것이고, 어떤 문제는 자녀가 문제를 인식하고 해결해 나가야 하며, 또 어떤 문제는 부모와 자녀가 함께 공유하여 풀어나가야 한다. 모든 문제를 부모 중심으로 해결하려고 해서는 안 된다.

- 문제를 누가 소유할 것인지 알아보는 방법이 있다.
  ① 그 문제로 인해 자신의 욕구와 삶의 목적이 방해받는 사람이 누구인가?
  ② 그 문제 때문에 가장 불편해하는 사람이 누구인가?
  ③ 그 문제가 가족의 안전이나 건강 또는 삶의 태도와 관련이 있는가?

예 문제를 누가 소유하는가?

문제점	누가 문제의식을 느끼는가? 그 이유는?
자녀가 마트에서 시끄럽게 소란을 피우고 있다.	부모다. 자녀를 빼고 부모와 주변 사람들이 불편해하고 있기 때문이다.
자녀가 또래 친구의 동아리에 들어가지 못해서 화가 나 있다.	자녀다. 동아리에 가입하고 싶고, 함께하고 싶은 중요한 욕구가 좌절되어 화가 났다.
자녀가 자주 숙제를 하지 않아서 학습이 뒤처지고 공부 습관이 잡히지 않고 있다.	부모다. 자녀가 정상적인 학교생활을 잘하고 독립적인 인간으로 자라길 바라기 때문이다. 그러나 자녀도 당사자로서 책임감 있게 행동해야 한다. 그러므로 부모와 자녀가 문제를 함께 공유한다.

연습 다음 문제점은 누가 문제를 소유하는가?

문제점	누가 문제의식을 느끼는가? 그 이유는?
자녀가 거실에서 벽에 공치기를 하고 있다.	
자녀가 수업 중에 친구와 잡담을 해서 벌점을 받아 기분이 안 좋다.	
자녀가 밤에 잠잘 때 불을 끄지 않고 자는 버릇이 있다.	

자녀가 집에 오면 숙제를 안 하고 게임부터 한다.	
자녀의 성적이 지난 시험보다 많이 떨어졌다.	
자녀가 축구 시합을 하는데 선수로 뽑히지 못해 기분이 좋지 않다.	
자녀가 놀이터에서 불량 청소년들에게 돈을 뺏겼다.	

- 문제 다루기

    ① 부모가 문제를 소유하는 경우: 적절한 훈육(정중한 요청, 적극적인 문제 해결)

    ② 자녀가 문제를 소유하는 경우(지지, 격려, 경청, 공감)

    ③ 부모와 자녀가 문제를 공유하는 경우(훈육, 지지)

6회차 프로그램:
자녀와의 의사소통

1. 의사소통의 장애

부모가 자녀와 대화를 하면 할수록 관계가 점점 악화되는 경우가 있다. 대화의 방식에 무엇인가 문제가 있기 때문이다. 일반적으로 대화에 문제를 일으키는 걸림돌은 다음과 같다.

명령	지금 당장 ○○해라.
충고	이렇게 하면 되지.
달래기	다 잘 될 거야, 걱정하지 마.
심문	뭘 잘못했기에 선생님께 혼난 거니? 빨리 말해봐.
관심 전환	걱정하지 말고, 간식이나 먹자.
심리 분석가	너 지금 ○○ 생각하고 있지? 엄마는 네 표정만 봐도 다 알아.
비판	바보같이 그런 일을 하다니.
빈정대기	이걸 점수라고 받아왔니? 잘한다… 잘해.
당위	너는 당연히 그렇게 해야만 한다.
내가 그건 잘 아는데…	그거 내가 잘 아는데 참 쉬워. 내가 해봐서 아는데 별거 아니야.

● 혹시 자녀에게 부정적인 메시지를 보낸 걸림돌이 있다면 사례와 함께 적어보자.

대화의 걸림돌	내가 자녀에게 한 말	나의 원래 의도	실제 자녀에게 전달된 내용은?

㉮ 의사 소통의 걸림돌 사용 대화
　자녀: 아, 정말 속상해요. 이번 시험 완전히 망쳤어요.
　엄마: (비판) 그러게 누가 놀라고 했니? 언제 정신 차릴래?
　　　　(빈정대기) 어이구 잘한다. 누굴 닮아서 그런 거야?

2. 적극적으로 경청하기 & 공감

상대방이 나의 말을 집중해서 듣지 않을 때 나는 상대에게 내가 중요하지 않은 사람처럼 느껴지며 더 이상 열심히 말하고 싶은 생각이 들지 않을 것이다. 자녀의 이야기를 적극적으로 경청한다는 것은 아이가 말한 내용에 대해서도 잘 생각해보고 또 말의 이면에 숨은 감정이나 메시지를 느끼고 헤아려 본다는 것이다. 또 이야기가 진행되는 동안 "그렇구나", "아하~", "정말?" 등의 반응을 보이면서 아이가 한 이야기를 요약해 주면 도움이 된다.

㉮ 경청과 공감으로 대화하기
　자녀: 아, 정말 속상해요. 이번 시험 완전히 망쳤어요.
　엄마: 그래, 시험을 망쳐서 속이 몹시 상하겠구나.
　자녀: 네, 정말 비참해요.
　엄마: 공부를 잘하고 싶고, 실력을 인정받고 싶은데 성적이 뜻대로 잘 안 나와서 정말 실망했구나.

대화의 공감은 자녀의 내면 욕구까지 읽어 낼 수 있는 공감이어야 한다.

〈공감 연습〉
1. 성적이 안 좋아서 성적표를 숨겼다가 엄마에게 우연히 발견된 상황
　자녀: 보여드려야 하는데, 성적이 너무 나빠서… 죄송합니다.
　엄마 1: 이걸 성적이라고 받아왔니? 그리고 엄마를 속이다니? 그건 더 나쁜거야!
　엄마 2:

2. 학교 끝나고 바로 집으로 와야 하는데 친구들과 어울려 놀다가 늦게 들어온 상황
　자녀: 친구가 생일이라고 그래서 축하해주고 왔어요.
　엄마 1: 지금 시간이 몇 시인 줄이나 알아? 왜 이렇게 맨날 늦어?
　엄마 2:

3. 식사 시간에 컴퓨터 게임 좀 줄이라고 아빠가 훈계하는 상황
　　아빠: 너 요즘 게임 너무 많이 하는 거 같다, 게임하는 시간 좀 줄여라.
　　자녀: (아무 말도 하지 않고 고개를 푹 숙인다.)
　　엄마 1: 아빠 말씀 안 들려? 대답을 해야 할 것 아냐? 빨리 대답 안 해?
　　엄마 2:

3. 마음을 여는 개방형 질문
폐쇄형 질문은 '예, 아니오'로 한정되는 반면에 개방형 질문은 대답이 자유로워서 대답하는 사람의 마음이 편안하고 부담이 덜 된다. 대답이 한정되지 않고 이유를 따져 묻지도 않는 개방형 질문을 주고받을 수 있을 때 더욱 원활한 소통이 이루어진다.

연습 1　예, 아니오로 답이 한정되지 않는 질문

폐쇄형: 방학했으니까 기분 좋지?
개방형:

폐쇄형: 친구들하고 놀다 오니까 정말 좋지?
개방형:

폐쇄형: 전에 꿈이 변호사라고 하던데 아직도 그대로지?
개방형:

연습 2　이유를 따지지 않는 질문

폐쇄형: 왜 너는 숙제하는 걸 그렇게 싫어하니?
개방형:

폐쇄형: 너는 왜 맨날 게임만 그렇게 하니?
개방형:

폐쇄형: 얼굴 표정이 왜 그래?
개방형:

4. 자녀에 대해 더 많이 알기

부모가 자녀의 신상에 대해 많이 알고 있을수록 자녀 양육은 그만큼 쉬워진다. 자녀에 대해 잘 알고 있다고 생각하는 부모일지라도 실제로는 잘못 알고 있는 경우가 많다. 따라서 부모가 생각하는 자녀와 실제 자녀 간의 차이를 줄일 필요가 있다.

활동 자녀에 대해 더 알아보기

자녀 이름:		자녀에 대한 부모의 추측	자녀의 답변
1	가장 좋아하는 TV 프로그램은?		
2	가장 기억에 남는 영화는?		
3	가장 좋아하는 과목은?		
4	가장 좋아하는 동물은?		
5	만약에 1억 원이 생긴다면 그 돈으로 제일 먼저 무엇을 하고 싶은가?		
6	배낭여행을 간다면 함께 떠나고 싶은 친구는?		
7	연예인 중에서 가장 만나고 싶은 사람은?		
8	해결해야 하는 고민을 한 가지만 말해 준다면?		
9	친구를 사귈 때 가장 중요하게 생각하는 것은?		
10	다른 사람들이 본인에 대해 가지는 이미지는?		

7회차 프로그램:
자녀 행동의 목적과 '나'메시지

1. 자녀 행동의 목적

누군가의 행동을 이해하고자 할 때 과거의 어떤 원인으로 그런 행동을 하게 되었는지 알기 위해 과거를 되돌아보는 것은 그것을 이해하는 데 별로 도움이 되지 않는다고 한다. 영향을 주는 요소가 너무 많아서 그것을 알아내기가 거의 불가능하기 때문이다. 인간은 자유 의지를 가진 존재이기 때문에 미래에 대한 기대와 이익에 근거해 목적 중심으로 행동하게 된다. 따라서 자녀의 행동을 이해하기 위해서는 자녀의 '행동 목표'나 '행동 목적'이 무엇인지 아는 것이 중요하다. 일반적으로 자녀는 아래의 5가지 행동 목적에 따라 행동한다. 같은 목적이라도 긍정적으로 접근하거나 부정적으로 접근하게 되는데 그에 따라 다르게 행동한다.

자녀의 행동 목적	긍정적인 접근 방식	부정적인 접근 방식	부정적 접근에 대한 부모의 보상(강화)
소속감 (접촉과 사랑)	협력하거나 기여하기	부당한 행동으로 관심 끌기	잔소리, 심한 간섭, 세세한 지시
영향력 (힘을 갖고 싶은 욕구)	노력, 독립심, 책임감	반항하기(대들기), 폭력	언쟁(말싸움)
보호 (자신을 지키려는 욕구)	용서, 주장, 도움 주기	앙갚음, 보복	심한 처벌
휴식, 재충전	적절하게 거리 두기 (자기만의 시간)	과도한 회피	양보, 과도한 간섭
도전과 모험	긍정적인 모험 어려운 과제 도전	무모한 스릴 추구, 폭력, 범죄	무시, 처벌

질문 1 자녀의 그릇된 행동(부정적인 접근 방식)에 대하여 당신은 나름대로 훈육을 하였으나 그러한 접근 방식이 도리어 자녀의 잘못된 행동을 강화하지는 않았나요? 위의 5가지 행동 목적을 참조하여 자녀의 부정적 접근 방식과 당신의 보상 강화 방식에 대해 해당하는 내용이 있다면 말해 보세요.

2. 정중하게 요청하기

모든 사람은 인격적으로 존중받을 권리가 있다. 부모가 자녀에게 말을 함부로 하게 되면 자녀와 힘겨루기에 들어가게 되고 갈등이 생긴다. 내가 존중받고 싶다면 먼저 상대방을 존중해 주어야 한다. 이것은 자녀에게도 똑같이 해당된다.

예) 정중한 요청

"철수야, 식사하고 나서는 빈 그릇은 싱크대에 가져다 둘 수 있겠지?"

"영희야, 내가 너에게 정중하게 말하듯 너도 나에게 정중한 태도로 말했으면 한다. 알겠지?"

"민희야, 신발을 벗을 때는 가지런히 놓았으면 좋겠구나. 그래야 보기에 깔끔하단다."

연습 1주일간 연습하기(자녀에게 한 부모의 행동과 자녀의 반응과 태도)

자녀가 변화했으면 하고 바라는 행동	당신의 정중한 표현의 부탁 메시지	자녀의 반응

3. '나' 메시지 전달하기

❶ 나-전달법이란?

- '나'를 주어로 하여 상대방의 행동에 대한 나의 생각이나 감정을 표현하는 것이다.
- 상대방에 대한 믿음과 신뢰를 바탕으로 상대방에게 도움을 요청하는 것이다.
- 너-전달법보다 훨씬 친근하고 편안한 분위기다.
- 말하는 사람이 메시지에 대한 책임을 받아들이면서 하는 말이다.
- 상대방의 행동에 대해 가치판단을 하지 않는다.

❷ 너-전달법의 이해
- '너'를 주어로 하여 상대방의 행동을 평가하고 표현한다.
- 상대를 힐난하거나 비난하는 성격이 짙게 나타난다.
- 상대방에게 문제의 책임을 지우면서 부정적 감정을 느끼게 한다.

❸ 너-전달법 대화의 결과
- 너에게 문제가 있다고 표현하므로 상호 관계에 문제가 생긴다.
- 상대방에게 일방적으로 강요, 공격, 비난하는 느낌이 전달된다.
- 상대는 변명하거나 반항, 공격성을 보인다.

❹ 나-전달법 대화의 결과
- 상대방에게 나의 입장과 감정을 있는 그대로 전달함으로써 서로에 대한 이해와 신뢰를 높인다.
- 상대방에게 개방적이고 솔직하다는 느낌을 전해준다.
- 상대는 자발적으로 문제를 해결하고자 하는 노력을 하게 된다.

❺ 대화의 사례
- 너, 도대체 어디 있다가 이제야 나타나는 거야?
- 지금이 몇 시인줄 알아? 생각이 있는 거야, 없는 거야?
- 전화는 장식용으로 가지고 다니냐?
- 손이 없니, 발이 없니? 전화 한 통화도 못 해?
  ➡ 어디에 있었니? 네가 연락도 없이 들어오지 않아서 엄마가 얼마나 걱정을 했는지 아니? 엄마가 너무 속상했단다.

　　☆너-전달법: 그 스마트 폰은 잘못 선택했어.
　　　➡ 나-전달법: 나는 그 스마트 폰이 마음에 들지 않아.

　　☆너-전달법: 네가 이 문제를 나와 상의하러 온 것은 잘한 일이야.
　　　➡ 나-전달법: 네가 이 문제를 나와 상의하러 와서 고맙구나.

❻ 나-전달법의 구성
- 당신이 생각하는 문제점: "네가 나한테 불손하게 말하는 방식이 나에게 문제가 되는구나."
- 당신의 감정: "나는 그런 말을 들으면 화가 나고 기분이 나쁘단다."
- 이유: "왜냐하면 나는 너한테 그런 식으로 말하지 않을 뿐만 아니라, 그런 태도는 나를 무시하는 것과 같단다."
- 바라는 점: "네가 다음부터는 공손한 태도로 말하기를 나는 바란다."

연습 '나' 메시지 만들어 보기

당신이 생각하는 문제점	네가		나에게 문제가 되는구나.
당신의 감정	그래서 나는		느낌이 들어.
이유	왜냐하면		때문이란다.
바라는 점	그래서 나는		하기를 원한단다. (희망해)

8회차 프로그램:
자녀에게 기술 & 뿌리 역사 가르치기

1. 기술 가르치기

자녀의 자존감을 높이고 부모와 관계를 좋게 하는 방법이 있다. 그것은 다양한 운동이나 특별한 기술, 또는 새로운 요리법을 가르쳐주는 시간을 함께하는 것이다. 가르치지 않고 함께 배우는 것도 괜찮다.

❶ 가르치기 요령
- 동기 부여를 하라
- 여유 있는 시간을 택한다.
- 익혀야 할 기술을 여러 단계로 나누어 쪼개서 가르친다.
- 시범을 보여준다.
- 자녀가 직접 해 보도록 한다.
- 노력하는 과정을 칭찬한다.
- 처음부터 끝까지 함께하라.

❷ 회상(나의 과거 회상)
- 당신이 (조)부모님께 배운 기술은 무엇인가요?
- 그 경험 중 인상 깊었던 것은 무엇인가요?
- 그 경험 중 싫었던 것은 무엇인가요?
- 그 경험 중 자녀에게 응용해 보고 싶은 부분이 있다면 말해 보세요.

❸ 자녀에게 기술을 가르친 후
- 자녀에게 가르쳐준 기술은 무엇인가요?
- 그 경험을 통해 좋았던 점은 무엇인가요?
- 다음에 더 발전시켜 적용할 부분은 무엇이며, 다음에 주고 싶은 기술은 무엇인가요?

2. 뿌리 역사 가르치기

가족의 역사를 전해주는 것은 자녀에게 뿌리 의식을 심어준다. 자신들은 혼자가 아니고 가문의 역사에 뿌리를 두고 있다는 생각을 하게 되며 의식이 깊어지고 확장된다. 모든 가족은 어려운 환경 속에서 꿋꿋한 의지로 열심히 살아온 역사를 가지고 있다. 그것을 통해 아이들에게 역할 모델을 제공할 수 있다. 자녀들에게 전하고 싶은 용기, 창의성, 고난 극복 등을 보여 줄 수 있는 흥미로운 이야기를 알아보고 자녀에게 들려주자.

실습 자녀에게 전해줄 특별한 〈나의 가족 역사〉

9회차 프로그램:
독서 지도 & 비전 지도

1. 자녀와 함께하는 독서

자녀의 학습 능력을 키우는 가장 확실한 방법은 독서 습관을 길러주는 것이다. 사실 독서 습관은 학습뿐만 아니라 세상을 살아가는 모든 방법을 알려주는 것과 같다. 부모는 자녀가 세상에 나가 슬기롭게 어려움을 헤쳐나가고 건강한 마음으로 자라길 희망한다. 그렇다면 더더욱 책 읽는 습관을 길러주는 것이 좋다. 나이 어린 자녀에게는 책을 읽어주는 것이 좋고, 어린 학생들이라면 함께 책 읽는 시간을 가지는 것도 좋다.

❶ 도서 선정하기:
자녀가 선택한 책과 엄마가 선택한 책을 섞어서 일주일 치 도서 목록을 짜 본다.

❷ 함께 책 읽기 또는 책 읽어주기

❸ 독후 활동(책 읽고 나누기)
- 줄거리 말해보기: 무슨 이야기였을까? 그다음은 뭐였더라?
- 색다른 표현이나 인상적인 점 이야기하기
- 주인공의 태도나 행동에 대해 생각해보기(너라면 어떻게 했을까?)
- 독서 퀴즈 내보기
- 책 뒤 이야기 상상해보기, 역할극, 독후 감상 그리기

〈독후 활동 기록〉

1. 자녀와 함께 무엇을 읽었는가?

2. 자녀에게 무슨 질문을 하였는가?

3. 책 읽기가 어떻게 진행되었는가?

4. 다음번에는 무엇을 보완해야 하는가?

〈활동숙제〉
- 도서관이나 서점에 함께 가기(또는 도서관 대출증 만들어 이용하기)
- 자녀에게 책 읽어주기
- 책과 관련된 영화 관람 후 얘기 나누기
- 가정을 작은 도서관으로 꾸미기

2. 꿈(비전) 지도

자신에 대한 생애 설계를 하는 첫 단계는 자신을 제대로 이해하는 것에서 시작된다. 부모는 자녀의 강점을 파악하고 이를 바탕으로 자존감과 자기 효능감을 강화해 주어야 한다. 자존감이 떨어지는 아이는 자신의 꿈과 비전을 설정하는 데 소극적이기 때문이다. 자존감을 바탕으로 적성에 맞는 직업과 일을 탐색하고 자신의 적성과 가치관에 부합하는 명확한 비전을 설립하는 것이 그다음 단계이다.

자녀가 자신이 하고 싶은 일을 찾았다고 할 때 부모가 어떻게 대응할 것인가도 쉽지 않다. 자신이 하고 싶은 분야의 사람을 찾아보고 검토하는 것도 필요하고 실제로 그 분야의 전문가를 만나게 해 주는 것도 자기 탐색에 중요한 부분을 차지할 수 있다. 또 자녀가 롤모델을 가지는 것도 효과적으로 인생을 설계하는 데 큰 도움이 된다.

질문 1 부모인 나는 인생 설계를 언제, 어떻게 하였는가? 자신의 과거 경험을 이야기하고, 앞으로 인생 계획을 말해 보자.

질문 2 부모 자신에게 가장 많은 영향을 끼친 롤모델이 있었는가? 왜 그 롤 모델을 택하였는가?

질문 3 부모 자신의 좌우명이 있는가? 있다면 그 좌우명이 자신의 인생에 어떤 영향을 미쳤다고 생각하는가?

〈숙제〉

1. 부모 자신이 만들고 지켜온 인생 좌우명에 대하여 자녀와 함께 나눈다.

2. 자녀는 이에 대한 생각과 영향을 이야기하고, 이를 토대로 자녀의 인생 비전을 생각한다.

3. 자녀의 장점과 단점을 찾아보고, 이를 긍정적으로 해석해 본다.

10회차 프로그램:
가족 모임 & 강점 구축하기

1. 적극적인 문제 해결을 위한 가족 모임

❶ 안건을 정한다.
"이번 주 가족 모임에서는 쓰레기 분리수거를 어떻게 나눠서 맡을지, 그래서 서로 도울 수 있을지 너희와 함께 이야기하고 싶구나."

❷ 생각과 감정을 나눈다.
각자 자신의 생각과 느낌을 나누도록 편안한 분위기에서 기회를 준다.

❸ 가능한 해결책과 행동 지침에 대해 생각나는 대로 의견을 나눈다.
여러 가지 아이디어를 모두 말해 본다. 조금 현실성이 없어 보이더라도 거부하지 않고 수용한다. 모든 아이디어를 확인하고, 자녀들이 스스로 해결책을 찾아내도록 한다.

❹ 합의하여 최선의 해결책을 채택한다.
되도록 모든 구성원이 합의하여 결론을 내리도록 한다. 합의를 이루지 못하면 투표를 한다. 하지만 가족의 안위와 연결되는 중요한 사항은 부모가 결정할 수 있다.

❺ 점검 및 바람직한 방향으로 이끈다.
합의 사항이 잘 실천되고 있는지 확인이 필요하다. 만일 잘 이행되고 있지 않다면 가족 모임을 다시 해야 한다.

확인 가족 모임 기록

		진행 과정	다음에 수정하고 싶은 사항
1	안건을 정한다.		
2	생각과 감정을 나눈다.		
3	해결책에 대하여 의견을 나눈다.		
4	합의하여 해결책을 선택한다.		
5	확인 점검한다.		

2. 자녀에게 사랑을 시(詩) (또는 노래, 그림 등)로 표현하기

시인이 아니라면 시를 써 본 적이 별로 없겠지만, 자녀에게 시를 쓰는 것은 분명 특별한 시간이 될 것이다. 길지 않고 짧아도 좋다. 마음에서 우러나오는 말로, 자녀에 대해 느끼는 사랑의 감정에 초점을 맞추는 것이 중요하다. 노래나 그림을 통해 표현된 부모의 마음은 자녀에게 충분히 전달될 수 있다. 주기적으로 하다 보면 자녀가 부모에게 시를 쓰거나 그림을 선물할 수도 있을 것이다.

〈표현하는 요령〉
- 자녀의 독특한 면을 적거나 부각한다.
- 긍정적인 문구만을 사용한다.
- 시나 가사에 대한 초안을 작성하고, 하루가 지나서 다시 읽어보면 수정할 부분이 보이고 고쳐 쓰면 좋은 글이 된다. 고치고 다듬는 과정을 반드시 거쳐야 한다.
- 부모가 가사를 쓰고 자녀가 곡을 붙일 수도 있고 반대의 경우도 가능하다.

3. 부모 자신의 강점 설계

자녀뿐만 아니라 부모에게도 격려가 필요하다. 그러므로 자신의 강점을 확인하고 스스로를 격려하는 법을 잊지 않아야 한다. 자신의 강점을 적어보고 부모라는 힘든 직업을 성실하게 수행하고 있는 자신을 수시로 격려하자.

구분	당신의 강점(장점)
자녀 훈육, 지도하기	
자녀에게 칭찬과 격려하기	
자녀와 좋은 관계 형성하기	
자주 함께 시간 보내기	
경청과 공감의 의사소통	
자녀에게 사랑 표현하기	
자기 관리(부모 자신)	
자녀가 다니는 학교 교육 과정에 대한 이해	

행복한 공부를 위한
자기주도학습 프로그램 1

다음은 1달 동안 16시간으로 진행된 방과 후 프로그램이다. 공부 습관 정착과 학습 동기를 올리는 데 주목적이 있다. 1회 1시간으로 진행될 경우 16회 진행되고, 1회 2시간으로 진행하면 8회 연속프로그램으로 진행된다.

회차	수업 내용	비고
1	오리엔테이션 / Ice Breaking / 설문지 체크리스트 My Dream Map / 꿈 찾기	
2	명확한 목표는 나의 힘 / 장단기 계획 긍정의 힘 / 나는 운이 좋다	
3	위인들의 성공 습관(읽기 자료) 천천히 공부하는 내가 좋다 / 읽기의 비밀	
4	1등을 만드는 읽기 습관 요약의 힘 / 메모의 비밀	
5	몰입, 그 특별한 체험을 위하여 이해하지 못하면 소유할 수 없다	
6	공부의 달인, 그 특별한 비밀 내 공부의 보물찾기	
7	시험을 위한 공부 내비게이션 대학으로 가는 길	
8	내 꿈의 사다리 미래의 나에게 보내는 편지 / 마침	

[수업 세부 프로그램]

회차	수업 내용	비고
1	오리엔테이션 / Ice Breaking / 설문지 체크리스트	자기주도학습을 위한 공부 습관 설문지 - 설문지를 바탕으로 아이들의 유형 파악, 지도 자료
1	My Dream Map / 꿈 지도	꿈이 왜 중요한가? 꿈을 이룬 사람들 꿈이란 - 어떻게 기억되기를 바라는 것(가치관) [워크지- 꿈의 목록 적고 발표하기]
2	명확한 목표는 나의 힘 / 장단기 계획	목표를 세우는 것이 왜 중요한가? 목표를 세운 예, 꿈과 목표의 차이점은? [워크지 - 목표 세워보기, 이루고 싶은 것, 장단기 목표]
2	긍정의 힘 / 나는 운이 좋다	위인들 사례 - 에디슨, 이순신 등 [워크지 - 나는 운이 좋다? 친구의 장점 쓰기]
3	위인들의 성공 습관 (읽기 자료)	경청, 스피치, 독서, 노력, 실패에서 배운다. / 긍정의 힘, 자기 분야의 전문가 [워크지 - 미래의 '성공한 나'를 그려보며 내가 어떤 습관 때문에 성공했는지 신문에 기고]
3	천천히 공부하는 내가 좋다 / 읽기의 비밀	[워크지 - 이해하면서 천천히 읽기(신문 준비해서), 가장 맘에 드는 기사를 고르고 고른 이유 설명하기]
4	1등을 만드는 읽기 습관	개념 학습법 익히기 [워크지 - 이해하면서 천천히 읽기]
4	요약의 힘 / 메모의 비밀 / 필기법	읽기 훈련 / 3SR2E 교과서(자습서) 제대로 읽기, 요약하기
5	몰입, 그 특별한 체험을 위하여	몰입할 내용 한 가지씩 정해서 - 20분(또는 10분 등) 동안 집중해서 생각하기 [예 수학 문제집 가져와서 문제집 풀고 틀린 문제 계속 생각해서 집중하기]
5	이해하지 못하면 소유할 수 없다(암기)	에빙하우스 망각의 곡선, 복습의 황금주기, 다양한 암기 방법 체험하기 [워크지 - 암기]
6	공부의 달인, 그 특별한 비밀	공부의 달인은 어떤 특별한 방법을 가지고 있을까? 아는 것과 모르는 것을 확실하게 구분하라. [활동 - 아는 것과 모르는 것 구분하기, 외운 것과 못 외운 것]

회차	수업 내용	비고
6	내 공부의 보물찾기, 시간 관리	나의 하루 되살리기 - 어제 하루 재현, 만족하는가? / 자습서 내용을 가지고 문제 만들기 (단답형, 객관식) / 출제한 문제로 함께 풀기
7	시험을 위한 공부 내비게이션	시험 잘 보는 공부법, 문제집 사용 요령, 시험공부 계획 세우기 [연습 - 문제집 반복해서 풀기]
7	대학으로 가는 길	대학입시 제도, 고교학점제, 학생부전형 왜 그 대학 학과를 지원했는지 지원 동기 쓰기
8	내 꿈의 사다리	시간 관리 / 내 꿈의 사다리 [워크지 - 우선순위 정하기, 나의 하루 되돌아보기, 내 꿈의 사다리]
8	미래의 나에게 보내는 편지 / 마침	롤링 페이퍼, 편지 쓰기 & 발표, 한 달 나를 평가하기(목표, 계획 비교)

어떤 회차는 여러 번 반복해서 진행할 수도 있으나 여기서는 1회 진행을 전제로 구성하였다. 아이들의 수준과 상황을 고려하여 줄이거나 늘려서 진행하면 될 것이다. 그리고 프로그램 2에 있는 내용을 집어넣어 진행할 수도 있으니 참고하면 도움이 될 것이다.

부록 2

행복한 공부를 위한 자기주도학습 프로그램 2

1. 기본 프로그램

회차	주제	PG명	세부 내용
1	O/T	자기주도 학습법	※Orientation • 프로그램 소개: 자기주도학습 취지 설명 • 공부 습관 검사지 작성(학습 동기, 학습 유형) • 꿈에 대해 나누기 • 꿈이 왜 중요한지 설명하고 꿈을 이룬 사람들을 알아본다. • 꿈 지도 적기(10분) • 숙제: 꿈을 더 생각해보고 꿈 지도 그리기
2	꿈과 행복	행복한 마음으로 책상 앞에 앉는 법	※행복한 마음으로 책상 앞에 앉기 • '나는 운이 좋다.'라고 말하라. • 운이 좋았던 일 말해 보기 • 감사한 마음이 먼저이다. • 공부는 머리가 아닌 가슴으로 하는 것.
2	꿈과 행복	집중력 (몰입)	※공부에 풍덩 빠지는 법: 몰입 • 집중력을 높이기 위해서는? • 몰입에 이르는 과정은? • 긍정적 몰입과 부정적 몰입 • 나의 몰입 체험담 나누기 • 숙제: 운이 좋았던 일 매일 체크하기
3-1	꿈과 진로	직업 탐색	숙제 확인: 운이 좋았던 일 - 서로 발표하기 ※나의 미래: 진로 탐색하기 • 청소년기에 진로를 탐색하는 것이 왜 필요한가? • 직업에는 어떤 종류가 있으며, 나의 흥미와 적성에 맞는 직업은? • 신문에서 직업 찾아내기 _ 게임 • 꿈 디자인하기 - 꿈을 이룬 모습을 그림으로 스케치한다. • 닮고 싶은 사람 정하기(멘토) • 숙제 ❶ 워크넷 알아보기(직업을 갖기 위한 조건 확인) • 숙제 ❷ 공부 원리 추천 영화 감상하기

회차	주제	PG명	세부 내용
3-2	꿈과 목표	목표 설정	숙제 확인: 워크넷 탐색 결과는? ※**목표는 꿈을 이루기 위한 조건이다.** • 중고등학교를 졸업하고 나의 꿈을 이루기 위해 나는 어느 길로 갈 것인가? • 나의 인생 로드맵 작성하기(비용까지 계산) • 미래의 나에게 보내는 편지 쓰고 읽어주기
4	목표와 계획	계획 세우기	※**목표를 이루기 위한 현실적인 방법은 계획을 세워서 실천하는 것이다.** • 목표를 이루기 위한 구체적인 행동들을 적어 보자. • 일간, 주간, 월간 목표 세우기 • 계획을 잘 세우고 실천해서 성공한 모범 사례 나누기 • 계획하는 삶과 무계획적인 삶을 비교해 보자. • 숙제: 다음날 공부 계획을 매일 적어 보자. (스터디 플래너, 공부 일지 적기)
5	자신감	신뢰 하기	※**스스로 신뢰해야 하는 이유와 실천 방법** • 내 안의 두 개의 나: 지켜보고 격려하며 응원하는 내가 되자. • 감사의 말이 미치는 영향에 대하여 알아보기 • 나와 남에게 감사하다는 따뜻한 마음을 전하자. • 감사한 분께 감사 편지 쓰기
		긍정적 자아	※**자기 이미지는 자기가 그린 대로 현실화된다.** • 학습된 무기력: 무기력도 학습된다. • 자아에 대한 긍정 이미지도 학습한 대로 만들어진다.
6	공부 1	공부 원리 1	※**공부란 무엇인가?** • 공부란 ( )이다. • 왜 공부를 해야 하는가? • 공부에서 무엇이 중요한가? • 예습, 수업, 복습의 중요성 알기 • 수업 시간에 배운 것 기억해서 적어 보기 • 서로 수업의 집중도 이야기해 보기 • 연습: 학교 수업 시간에 배운 내용 적어 보기
7	공부 2	공부 원리 2	※**암기의 중요성 - 망각곡선** • 이해와 반복이 기억에 절대적이다. • 다양한 암기 방법 알아보기 • 본인의 암기 방법도 공유해 본다. • 연습: 수업 시간에 배운 내용 기억해서 말해보기

회차	주제	PG명	세부 내용
8	공부 3	공부 원리 3	※예습 및 복습 전략, 암기 2 • 반복적으로 암기하는 효과적인 방법 • 암기를 위한 포스트잇 활용법 및 실습 • 연습: 암기할 내용을 포스트잇에 적고 벽에 붙여 놓고 오가면서 한 번씩 들여다본다. • 가장 효과적인 공부 방법은 직접 가르쳐 보기이다. • 연습: 다른 사람에게 가르칠 내용을 공부하고, 앞에서 직접 가르쳐 본다.
9	읽기	읽기 훈련	※암기 전에 해야 할 일 - 전체 윤곽을 잡아라. • 제목, 목차의 중요성 • 연습: 목차를 베껴 쓰기 ※읽기 훈련 - 3SR2E • 요약하기: 교과서 읽고 요약해서 말해 보기 • 연습: 낭독의 발견(낭독하고 싶은 글 가져와서 발표하기) • 2~3번으로 횟수를 늘려서 진행 가능
10	쓰기	정리의 기술	※청소의 힘 - 정리 정돈 • 주변 정리하는 것의 중요성 • 노트 정리 및 교과서 정리 방법 • 교과서 요약 정리해 보기 • 발표: 요약 정리한 교과서, 노트 정리 서로 비교해 보기(발표) • 자신이 필기할 때 사용할 수 있는 약어와 기호 비교해 보기 ※쓰기 훈련 - 교과서 내용 → 목차별로 핵심 내용 정리하기 • 활동: 내가 만드는 자습서 • 자습서를 만든다고 생각하고 각자 정해진 범위를 만들어 본다. 그다음 서로 비교해 보기, 수업 시간에 필기한 내용 서로 보여 주기 • 숙제: 방 청소하기
11	시간	시간 관리	※시간 관리 방법 • 시간의 특성 이해하기 • 우선순위 정하는 방법 • 자투리 시간 활용하기 • 활동: 나의 하루 되살리기, 어제 하루 재현해 보고 발표하기 (어디서 시간이 새고 있는지 알아봄) • 스터디 플래너 작성법, 매일 쓸 수 있도록 주기적 관리

회차	주제	PG명	세부 내용
12	끝	마침	※ **입시 제도 설명** • 관련 기사 준비 & 설명 (고교학점제, 학생부종합전형, 수능 성적표 보는 법) • 스터디 플래너 작성 확인
			※ **리더십** • 성공으로 가는 계단(태도, 커뮤니케이션, 스피치)

PROGRAM
: 행복한 공부 발전소 '자기주도학습 코칭'

1. 학생들을 위한 '자기주도학습' 특강
〈자기주도학습〉 수업은 학생들이 자기주도적 공부 습관을 배우고 기르는 시간입니다. 강의를 통해 학습에 대한 인식과 관점이 바뀌면 새로운 눈이 열립니다. 학습 동기부터 학습의 기술까지 구체적인 사례 중심으로 진행합니다. 학생들이 자기주도학습에 대해 새롭게 눈뜨는 기회를 제공합니다.

2. 학부모 대상 자녀 교육 특강
변화하는 시대에 맞는 자녀 교육 방법은 무엇일까요? 미래를 준비하고 공부의 주인이 되는 자기주도적인 학습 방법은 무엇일까요? 자녀의 올바른 공부 습관 코칭을 위해 꼭 알아야 할 정보와 지식을 전달합니다. 자녀가 잠재력을 최대한 발휘하기 위한 부모의 역할을 알아보는 소중한 시간입니다.

3. 학습코칭 지도사 [자기주도학습 지도사] 과정
전문적으로 '학습코칭'을 지도하고자 하는 분들을 위한 전문가 과정입니다. 교육 현장에서 학생들의 체계적인 학습 코칭에 필요한 이론과 실제 사례를 중심으로 진행됩니다. '집어 넣어주는 것'이 아닌 '끌어내 주는' 코칭의 프로그램을 통해 학생들이 세상을 향해 힘차게 나아가도록 이끌어줍니다.

※ 대상
- 학습코칭 전문가로 활동하고 싶은 분
- 자기주도학습 프로그램을 활용하여 학생들을 체계적으로 지도하고 싶은 분

- 자기주도학습에 맞는 교육법을 찾는 분
- 학생들의 잠재력을 극대화하여 창의력과 문제 해결력을 키워주고 싶은 분

※ 교재
- 《자기주도학습 코칭 매뉴얼》
- 《자기주도학습 코칭 프로그램》

※ 프로그램

구분	주제
1회차	학습코칭의 철학
2회차	학습코칭의 도구
3회차	학습의 열망과 동기 강화
4회차	문해력과 3SR2E 공부법
5회차	학습의 기술
6회차	실전 코칭 1. 동기 강화 프로그램
7회차	실전 코칭 2. 마음과 태도
8회차	실전 코칭 3. 공부 기술과 학습전략

참고도서 & 자료

《최고의 교사》, EBS〈최고의 교사〉제작팀, 문학동네

《자기주도학습 자료집》, 서울시교육청(2009)

《도박사의 천공법》, 도임자, 삼양 미디어

《잠자는 공부머리를 확 일깨워주는 우등비결》, 김형섭, 밀리언하우스

《꿈을 이루는 6일간의 수업》, 조우석, 한언

《나를 천재로 만드는 독서법》, 서상훈, 지상사

《시험 잘 보는 공부법은 따로 있다》, 이병훈, 한겨레에듀

《강성태의 공부혁신》, 강성태, 중앙MB

《공부의 비결》, 세바스티안 라이트너, 들녘

《친구가 따르는 아이 & 친구를 따라가는 아이》, 공병호, 청솔

《10대를 위한 몰입 공부법》, 정형권, 성안당

《학습코칭 워크북》, 정형권, 라온북

《10대를 위한 자기주도학습 실천노트》, 정형권, 더메이커

《거꾸로교실 거꾸로공부》, 정형권, 더메이커

《행복교과서》, 서울대행복연구센터, 주니어김영사

《자기주도학습 길라잡이》, 서울시 교육청(2012)

《자기주도학습 지침서》, 교육과학기술부

《NEW 중학생 영어공부혁명》, 정해진, 왕의서재

《성공학 노트》, 나폴레온 힐, 국일 미디어

《하버드 성공학 특강》, 정형권, 사색의 나무

《단단한 공부》, 윌리엄 암스트롱, 유유

《어린이를 위한 클래식 동화》, 주영하, 주니어랜덤

《중2 영어 교과서》, 김성곤 외, 두산동아

《중학교 1-2 국어교과서》, 교육과학기술부

《중학교 국사 교과서》, 교육과학기술부

《무지개 원리》, 차동엽, 위즈엔비즈

《멈추지마, 다시 꿈부터 꿔봐》, 김수영, 웅진씽크빅

《부모코칭 프로그램 적극적인 부모 역할》, Michael H. Popkin, 학지사

《52주간의 멋진 부모코칭》, Michael H. Popkin, 학지사

《청소년 감정코칭》, 최성애·조벽, 해냄

《엄마도 위로가 필요하다》, 송지희, 알에이치코리아

자기소개서 양식 - 서울대학교 입학처

존 고다드, https://www.johngoddard.info/life_list.htm

위키백과 사전

KBS 개그콘서트, 감사합니다

Foreign Copyright:
Joonwon Lee   Mobile: 82-10-4624-6629
Address: 3F, 127, Yanghwa-ro, Mapo-gu, Seoul, Republic of Korea
            3rd Floor
Telephone: 82-2-3142-4151
E-mail: jwlee@cyber.co.kr

자기주도학습 코칭 프로그램

2022. 5. 20. 1판 1쇄 발행
2023. 8. 30. 1판 2쇄 발행

지은이 | 정형권
펴낸이 | 이종춘
펴낸곳 | BM (주)도서출판 성안당

주소 | 04032 서울시 마포구 양화로 127 첨단빌딩 3층(출판기획 R&D 센터)
     | 10881 경기도 파주시 문발로 112 파주 출판 문화도시(제작 및 물류)
전화 | 02) 3142-0036
     | 031) 950-6300
팩스 | 031) 955-0510
등록 | 1973. 2. 1. 제406-2005-000046호
출판사 홈페이지 | www.cyber.co.kr
ISBN | 978-89-315-5856-2 (13370)
정가 | 16,000원

이 책을 만든 사람들

기획 | 최옥현
진행 | 오영미
교정·교열 | 오영미
본문 디자인 | 디자인라인
표지 디자인 | 강희연, 박현정
홍보 | 김계향, 유미나, 정단비, 김주승
국제부 | 이선민, 조혜란
마케팅 | 구본철, 차정욱, 오영일, 나진호, 강호묵
마케팅 지원 | 장상범
제작 | 김유석

이 책의 어느 부분도 저작권자나 BM (주)도서출판 성안당 발행인의 승인 문서 없이 일부 또는 전부를 사진 복사나 디스크 복사 및 기타 정보 재생 시스템을 비롯하여 현재 알려지거나 향후 발명될 어떤 전기적, 기계적 또는 다른 수단을 통해 복사하거나 재생하거나 이용할 수 없음.

■ 도서 A/S 안내

성안당에서 발행하는 모든 도서는 저자와 출판사, 그리고 독자가 함께 만들어 나갑니다.
좋은 책을 펴내기 위해 많은 노력을 기울이고 있습니다. 혹시라도 내용상의 오류나 오탈자 등이 발견되면 **"좋은 책은 나라의 보배"**로서 우리 모두가 함께 만들어 간다는 마음으로 연락주시기 바랍니다. 수정 보완하여 더 나은 책이 되도록 최선을 다하겠습니다.
성안당은 늘 독자 여러분들의 소중한 의견을 기다리고 있습니다. 좋은 의견을 보내주시는 분께는 성안당 쇼핑몰의 포인트(3,000포인트)를 적립해 드립니다.
잘못 만들어진 책이나 부록 등이 파손된 경우에는 교환해 드립니다.